广东省本科高校课程思政示范团队"警察体能教⸺   、粤教高函
【2023】14 号"⸺51)
广东警官学院教师创新团队项目成果（2020JSTD02）

警察体能训练与健康管理

田文学　著

群众出版社

图书在版编目（CIP）数据

警察体能训练与健康管理／田文学著. -- 北京：
群众出版社，2025. 3. -- ISBN 978-7-5014-6459-3

Ⅰ. D631. 15

中国国家版本馆 CIP 数据核字第 2025Y78W03 号

警察体能训练与健康管理

田文学　著

责任编辑：张　磊

责任印制：王晓博

出版发行：群众出版社

地　　址：北京市丰台区方庄芳星园三区 15 号楼

邮政编码：100078

经　　销：新华书店

印　　刷：北京市泰锐印刷有限责任公司

版　　次：2025 年 3 月第 1 版

印　　次：2025 年 3 月第 1 次

印　　张：11

开　　本：787 毫米×1092 毫米　1/16

字　　数：220 千字

书　　号：ISBN 978-7-5014-6459-3

定　　价：48.00 元

网　　址：www. qzcbs. com

电子邮箱：qzcbs@ sohu. com

营销中心电话：010-83903991

读者服务部电话（门市）：010-83903257

警官读者俱乐部电话（网购、邮购）：010-83901775

教材分社电话：010-83903084

　　警察体能训练是警察发展各项专业技能的基础。警察只有具备强健的体魄，才能掌握各项极具挑战性的警务技能，完成艰苦的警务工作和任务。优化与提升警察体能训练方法，加强警察健康管理，不仅是警察自身发展的需要，更是警察维护国家安全和社会治安秩序，保护公民合法权益的重要保障。作者经过多年的潜心研究并结合实践尝试，精心撰写了本书。

　　本书共七章，第一章对体能训练的基础理论进行了系统的梳理，对体能训练的基本原则以及健身计划的设计进行了全面研究。第二章主要介绍健康管理的相关理论、策略、内容，以及运动与健康的关系。第三章对警察体能训练和健康管理进行了研究和分析，并就当前我国警察体能训练现状和未来改进策略展开探讨。第四章和第五章则具体讲解警察体能训练的理论与方法，包括基础体能训练和警务实战体能训练。第六章深入分析警察体能训练和健康管理的具体内容，包括营养、疲劳与恢复、运动损伤与处理以及警察健康管理的一些策略。第七章从心理健康的角度对警察健康管理展开分析，包括心理学的相关理论以及具体的心理训练方法等。

　　本书对警察体能训练和健康管理的研究相对全面和深入，结合实践总结出大量的训练方法和手段，特别是针对警察职业特点，强调了警察心理健康调适的重要性，并给出具有实操性的心理健康管理方法，对警察的体能发展、健康管理以及心理素质的提高具有较好的指导价值。

　　本书在撰写过程中参考并借鉴了很多专家、学者的研究成果，在此表示诚挚的感谢。由于作者水平有限，书中难免有不妥与疏漏之处，敬请广大读者批评指正。

田文学

2024 年 8 月

目 录

第一章

体能训练概论

　　警察肩负着维护国家安全和社会治安秩序的重要使命。随着科技的进步，公安系统的不断升级，警察的装备越来越现代化，这显著提升了警察的实力与办案能力。与之相应的，对警察的素质也提出更高的要求，在工作中，警察会追捕嫌犯，对其进行围堵、制伏、擒拿等，只有警察具有强大的体能素质才能足够支持其完成各种惊险、艰巨的工作。因此，拥有和保持强健的体魄是警察工作顺利进行的基本前提。然而，警察的体能训练与运动员和普通大众的体能训练又有所不同，其中有相似、重合的部分，也有其独有的内容。本章将对警察的体能训练展开深入研究，从体能与体能训练的含义、体能训练的理论基础、体能训练的基本原则，到体能训练计划的设计，对警察在进行体能训练时会遇到的问题进行详细的分析与探讨。

第一节　体能与体能训练的含义

　　由于警察的工作充满风险，因此必须具备较强的体能素质才能应对。无论是长期不规律的生活、超乎常人的工作压力，还是执行任务期间高风险、强对抗的工作性质，都要求警察要具有足够强大的体能素质作支撑。本节将对体能和体能训练的含义进行分析。

一、体能的含义

　　体能与每个人的生活都息息相关，体能是保障人们日常生活起居、学习、工作、运动、娱乐等一切活动的重要身体条件。作为一个健康的人，拥有良好的体能是幸福生活的基础，而对于警察而言，体能状况可能决定着他们的生命安全，以及是否能顺利完成工作任务。总之，对于任何个体，拥有良好的体能素质，对生活和工作具有重要影响。

关于体能的含义，国内外学界进行了诸多研究，下面分别对国内外关于体能含义的代表性研究成果进行分析。

（一）国外对体能含义的研究

国外对体能含义的研究主要有以下几个方面。

1. 身体素质

美国体能协会将体能界定为身体素质，其在描述体能时，指出体能的发展是从力量开始，逐渐向其他身体素质递进与发展的。

2. 能量供给

德国学者 Hartmann 认为机体能量供给是体能的主要体现，具体来说，机体的能量供应能力、能量转移能力以及对能量的分配与利用能力是一个人体能的主要反映。

3. 身体适应能力

美国运动医学会认为，体能主要表现在身体成分（主要是个体体脂率）、心肺耐力、肌肉适能（肌肉力量与肌肉耐力）以及身体柔软性（身体各部位自由活动且不感到疼痛）等方面。

美国健康体育休闲舞蹈学会认为，有机体的运作能力直接从体能上反映出来，体能主要指的是人体的一系列适应能力，包括身体适应、情绪适应、精神适应、文化适应以及社会适应等方面。该协会在 1987 年提出"体适能健康教育计划"，旨在促进青少年身体健康，预防疾病发生。该计划的核心是宣传和传授健康知识、营养知识以及体育对改善人体健康的意义，如提升有氧能力，发展肌肉力量和耐力等。

4. 运动与健康能力

从运动与健康能力出发定义体能的主要观点是，在生活方面，体能是人们身体活动能力、适应工作的能力和抵抗疾病的能力的总和；在运动方面，体能是由身体形态、身体机能以及运动适应能力组成的综合能力。

（二）国内对体能含义的研究

我国对体能含义的研究，主要有以下几个方面。

1. 运动素质

李福田研究认为，体能指运动员的运动素质，包括力量、速度、耐力、柔韧、灵敏等能力，这些都从运动中表现出来。

赵志英等研究认为，体能侧重于运动员的专项耐力，即在运动负荷下的抗疲劳能力，表现在训练和比赛中。

2. 基本运动能力

从基本运动能力出发定义体能的基本观点认为，体能包含在体质中，是人体所有器官、系统的运作能力，主要表现为肌肉活动，具体是指人的走、跑、跳、投、攀爬等基本活动能力。

运动训练学有关学者指出，体能是运动员竞技能力的重要组成部分之一，是运动员机体的基本活动能力，包括三个组成部分，即身体形态、身体机能以及身体素质，其中身体素质是核心，其他两个组成部分是身体素质的基础。

3. 综合运动能力

袁运平研究指出，体能是一种综合运动能力，是经过先天遗传和后天训练而形成的，具体包括人体形态结构，身体机能的调节能力，能量物质的储存、供应与利用能力，以及机体与外界结合的能力等。

孙学川从军事领域定义体能，指出体能是军人在特殊环境（高强度、高标准）下完成任务所必备的包括生理、心理、生物等多方面素质在内的综合生物学能力。

熊斗寅研究认为，体能的概念是不确定的，它有大小之分。大体能指的是人体机能状态、身体素质、适应能力、基本运动能力等身体能力；小体能指的是具有运动训练性质的，体现在运动训练过程中的运动素质，如力量、速度、爆发力等。

4. 运动与健康能力

王保成研究指出，体能的含义有广义和狭义之分，广义上的体能指的是人体的各种积极适应能力，包括适应生活、学习与工作的身体能力以及身体抵抗力。狭义上的体能指的是运动员机体完成训练与比赛任务、克服疲劳的能力。

还有学者指出，体能是包括健康、身体形态、身体机能以及身体素质在内的身体综合运动能力，这是运动员提升综合竞技能力和训练比赛成绩的必备能力。

（三）体能的概念与解释

从国内外对体能含义的研究来看，研究的角度不同，切入点不同，定义也就有所差异，我们可以从多个方面来表达与理解体能的含义。从当前的研究来看，体能不是竞技体育领域的专属概念，它已经被广泛运用于人们的日常生活、学习和工作中，简单认为体能是适应日常生活的身体能力，或者说体能是运动员在运动训练和比赛中表现出来的身体素质，这些都是片面的观点，需要补充与完善。

要对体能下定义，就需注意以下几点：

第一，不管是普通人还是警察群体，体能首先是衡量身体健康与否的一个因素。如果一个人身体处于亚健康状态，缺乏基本的身体活动能力，那么就谈不上体能了。

第二，不管是一般的体育健身锻炼者，还是警察，都要从力量、速度、耐力、柔韧以及灵敏等几个方面来发展运动素质，提高身体能力，从而完成锻炼或训练的任务，实现预期目标。

第三，体能的发展以身体机能为动力，身体机能水平对体能的发展动向有直接的影响。

第四，体能的外在表现是身体形态，如身体长度和围度，内在表现是身体机能，如身体脏器的性质等。

在分析诸多研究成果并对其中的共同点加以总结的基础上，可以这样定义体能的概念：体能是指人体通过先天遗传和后天锻炼（训练）获得的在形态结构、机能状态及能量系统代谢方面的能力，并通过人体各器官、系统状态及各种运动素质所表现出来的适应外部环境的综合能力。[①]

明确体能的概念后，可以从以下几个方面来解释与理解体能。

首先，体能的获得既有先天遗传的影响，也是后天努力的结果，是人体在身体形态结构、身体机能状态以及机体能量代谢等方面的能力。不同个体的体能水平有差异，有的是先天遗传造成的，有的与后天锻炼或训练因素有关。因为先天遗传不足而造成的体能差异可以通过后天努力锻炼或训练来改善，同时，因为先天遗传而拥有的良好体能如果在后天不坚持锻炼，也会逐渐消退。

其次，体能的要素如身体形态、身体机能、运动素质等相互之间密切联系，互相影响，各要素协调发展才能使体能这一综合能力得到发展。个别因素良好并不代表整体体能素质良好。体能包含三级结构要素，每一级结构要素的协调发展对提升体能水平都具有重要意义，三级结构见表1-1。这也为体能训练结构的确定提供了基础理论依据。

最后，体能是在机体与外部环境相结合的情况下表现出来的综合能力，不同的工作、环境、专项运动对人体的身体机能、能量代谢、各器官系统的运作等有不同的要求，这些方面只有相互协调，适应外界环境与相关需求，才能充分表现与发挥出良好的体能水平。

① 康利则，马海涛. 体能训练理论与方法 [M]. 西安：陕西人民出版社，2011.

表 1-1 体能的三级结构要素①

第一级要素	第二级要素	第三级要素
身体形态	高度	身高
		坐高
		足弓高等
	长度	手长
		臂长
		腿长等
	围度	臂围
		胸围
		臀围等
	宽度	髋宽
		肩宽等
	充实度	体重
		皮质厚度等
身体机能	运动机能	肌肉
		骨骼
		关节等
	神经机能	传入神经
		传出神经
		神经突出等
	呼吸机能	肺通气
		气体运输
		气体交换等
	消化机能	物质消化吸收
		能量代谢等
	循环机能	体循环
		微循环
		肺循环等

---

① 谭成清. 体能训练［M］. 长沙：湖南师范大学出版社，2012.

（续表）

第一级要素	第二级要素	第三级要素
身体机能	内分泌机能	激素
		内分泌腺
		激素调节等
	感觉机能	视觉
		听觉
		味觉
		本体感觉等
	泌尿机能	肾小球滤过
		肾小管和集合管的重吸收等
运动素质	力量	快速力量
		最大力量
		力量耐力等
	速度	位移速度
		动作速度
		反应速度等
	耐力	有氧耐力
		无氧耐力等
	柔韧	关节
		肌肉韧带伸展性等
	灵敏	反应时
		神经协调功能等

二、体能训练

（一）体能训练的定义

体能训练一般是从竞技体育的角度来定义与理解的，它是运动员运动训练的重要组成部分之一，是通过一般和专项身体训练，改造运动员身体结构与功能，提高运动员机体机能水平和专项运动素质的过程，从而为提高运动员的综合竞技能力及比赛成绩奠定坚实深厚的基础。[①]

对于警察群体来说，体能训练是在综合提高人体各项运动素质能力的基础

---

① 龙春生.体能训练法 ［M］.沈阳：辽宁大学出版社，2009.

上，根据不同的需要，进行更具有针对性的训练。

（二）体能训练与体能锻炼的区分

体能训练和体能锻炼不同，前者是从竞技体育领域出发界定的，面向运动员或特殊行业人员；后者是从大众健身领域出发界定的，面向普通大众。体能锻炼的含义是人们采取身体练习的方式来塑造良好身体形态，提高身体机能与身体素质，促进身体健康的实践过程。[①]

从体能锻炼与体能训练的含义来看，它们之间的区分主要体现在以下几个方面。

1. 适用对象的不同

体能锻炼面向的是普通大众；体能训练面向的是对体能有更高要求的人群，如专业运动员、警察、部队士兵等。

2. 目的的不同

大众进行体能锻炼的目的是改善体质，增进健康；专业运动员、警察、部队士兵等参与体能训练的目的是提升体能素质，进而提升专业技术水平或警务工作中的追捕、擒拿、搏斗等能力，以应对特殊工作的需要。

3. 运动内容、形式与时间的不同

体能锻炼的身体活动内容、锻炼时间与形式都比较随意，没有严格规定，人们可以根据自身情况而灵活调整；

体能训练的内容、时间和形式都是按计划与规定严格进行的，当然也要根据具体情况而调整，但通常不能主动随意改变规定和计划。

4. 运动强度的不同

体能锻炼以中低等强度为主，没有特别要求，根据锻炼者的适应能力而安排；体能训练的强度比较大，高等强度训练与中等强度训练交替安排，从而有效提升运动员、警察、部队士兵等群体的体能素质。

体能锻炼与体能训练的区别见表1-2。

表1-2 体能锻炼和体能训练的区别

	体能健身	体能训练
对象	普通大众	运动员、警察、部队士兵等
目的	增进健康	提高工作能力

---

① 秦剑博，常宇伟. 大学生体能健身理论与方法［M］. 北京：北京体育大学出版社，2018.

（续表）

	体能健身	体能训练
内容	比较随意	严格
形式	比较随意	严格
时间	比较随意	严格
强度	中低等强度	中高等强度

第二节　体能训练的理论基础

一、体能训练的生理学基础

（一）工作适应过程

工作适应过程是指从运动开始到发挥人体最高工作能力的过程，这是人体活动的一个基本规律，如果违反这个规律，就会有损于身体。可以从反射活动、内脏器官的生理惰性调节这两个方面来简单理解机体的工作适应过程。

1. 反射活动

反射活动涉及机体的各个运动组织以及大脑的神经系统。人体每执行一项活动，都有反射活动的参与。而每一个反射活动都要经过反射弧，有的反射弧比较短，有的则比较长，这与活动的复杂程度，以及机体对该活动的熟悉程度有关。因此，工作适应过程就是不断缩短反射弧的过程，反射弧越短，机体完成一个动作的时间越短，娴熟程度也越高。

2. 内脏器官的生理惰性与调节

人体的运动器官受交感神经的控制，一般情况下其反应速度较快，也就意味着其惰性时间较短；相反，人体的内脏器官受植物性神经控制，其传导时间较长，这就导致在运动中，内脏器官的反应倾向于比运动器官要慢一些，那么带来的后果就是其向运动器官提供营养物质的速度不能满足运动的实际需要。这体现在运动表现上就是力量、速度、耐力等的不足。为了提升运动表现，就需要长期训练从而提高植物性神经的反应速度，降低其生理惰性，进而得到运动能力和水平的提升。

（二）稳定状态

经过一段时间的训练之后，机体的反射弧和植物性神经的传导速度都得到提升，惰性降低，其表现为运动水平的提高，而且在一段时间内进入稳定的状态。但是机体的这种稳定状态又分为真稳定状态和假稳定状态两种。

1. 真稳定状态

真稳定状态是指运动过程中每分钟需氧量小于或等于每分钟最大吸氧量。

真稳定状态的特点是人体每分钟吸氧量可以满足运动需氧量，使身体进行有氧代谢，真稳定状态的时间越长，运动成绩越好。

2. 假稳定状态

运动过程中，每分钟需氧量大于每分钟最大吸氧量，出现负氧值，并且稳定在一定时间内进行无氧代谢运动称为假稳定状态。

假稳定状态的特点是每分钟吸氧量达到极限水平，但不能满足需氧量；运动吃力，运动持续时间不长。从事无氧代谢的"假稳定状态"身体活动，可以有效提高身体的机能水平。

二、体能训练的生物化学基础

（一）运动中的能量供应

人体体能系统的核心在于能量供应和代谢能力，人体机能水平和运动能力是由能量代谢水平所决定的。生物化学研究显示，磷酸原供能系统、糖酵解供能系统和有氧氧化供能系统是人体能量代谢的三大系统。人体在运动状态下，由三大能量代谢系统对能源物质进行分解来完成能量供应。在不同运动中，人体三大供能系统参与供能的比例有区别，人体运动能力的强弱主要就是由三大系统供能水平的高低所决定的。

在从事不同运动项目的过程中，某个供能系统提供机体所需的大部分能量，是主要供能系统，其他供能系统也或多或少发挥供能作用，完全只由一个供能系统供能是不存在的，两个或三个供能系统都参与供能，才能满足机体所需能量。在不同运动项目中哪个供能系统起主要作用，是由供能系统的供能特点所决定的，见表1-3。

表 1-3　三大供能系统的供能特点①

供能系统	能源物质	输出功率	供能时间
磷酸原供能系统	ATP-CP	最大	最大做功 6~8 秒
糖酵解供能系统	肌糖原、血糖	约为 ATP-CP 系统的 50%	30~60 秒达最大，可维持 2~3 分钟
有氧氧化供能系统	肌糖原、血糖	约为糖酵解供能系统的 50%	1~2 小时
	脂肪	约为糖酵解供能系统的 25%	理论上无限

对表-3 中人体三大供能系统的特点有所了解，便于我们对不同运动项目的能量代谢类型（图 1-1）和供能特点（表 1-4）有正确的把握，并清楚在某项运动素质的发展中，主要由哪些供能系统参与供能。

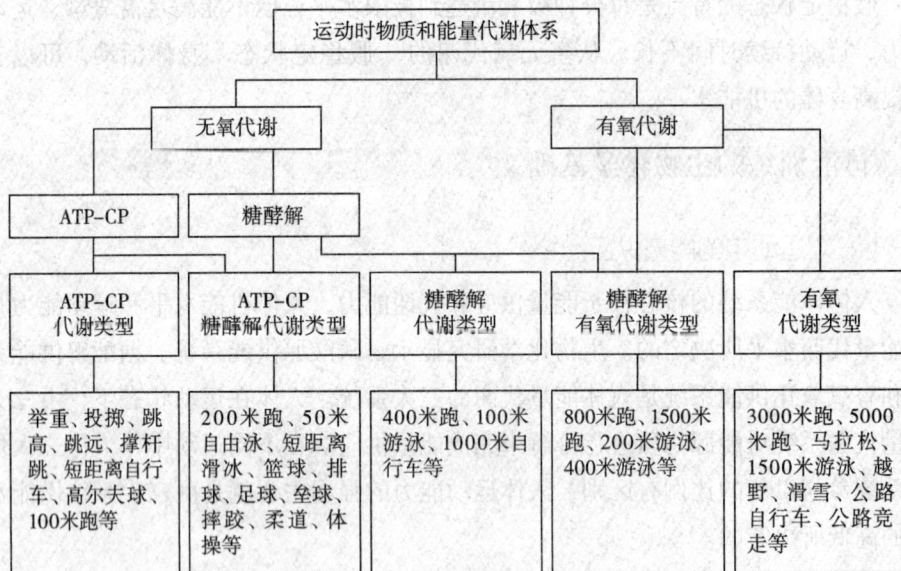

图 1-1　常见运动项目代谢类型②

例如，在以提高力量和速度为主要目的的跑、跳等练习中，磷酸原供能系统是主要供能系统，参与部分供能的系统是糖酵解供能系统，所以提高这两大系统的供能能力有助于提高跑和跳的成绩，并有效发展力量和速度素质。

再如，在以发展健康体能为主的有氧运动中，有氧氧化供能系统是主要供能系统，发展这方面的供能能力有助于提升健康体能水平，增进健康，促进身体抵

① 龙春生．体能训练法 [M]．沈阳：辽宁大学出版社，2009．
② 康利则，马海涛．体能训练理论与方法 [M]．西安：陕西人民出版社，2011．

抗力和适应力的提升。

还有，能够发展综合运动素质的游泳运动以糖酵解系统供能为主，提高人体的糖酵解供能能力有助于提高游泳成绩，发展全面体能。

表1-4 运动项目能量供应特点①

运动项目		三大能量供应系统供能比例（%）		
		磷酸原系统、糖酵解系统	糖酵解系统和有氧系统	有氧系统
棒球		80	20	
篮球		85	15	
击剑		90	10	
草地曲棍球		60	20	20
足球		90	I0	
高尔夫球		95	5	
体操		90	10	
冰球	前锋、后卫	80	20	
	守门员	95	5	
长曲棍球	守门员、后卫、前卫	80	20	
	中锋	60	20	20
娱乐性运动			5	95
划船		20	30	50
滑雪	障碍滑雪、跳、下坡	80	20	
	越野滑雪		5	95
英式足球	守门员、边锋、前锋	80	20	
	前卫、巡边员	60	20	20
垒球		80	20	
游泳和潜水	50米自由泳、潜水	98	2	
	100米（各种姿势）	80	15	5
	200米（各种姿势）	30	65	5
	400米自由泳	20	55	25
	1500米自由泳	10	20	70
网球		70	20	10

---

① 冯炜权. 运动训练生物化学［M］. 北京：北京体育大学出版社，1998.

（续表）

运动项目		三大能量供应系统供能比例（%）		
		磷酸原系统、糖酵解系统	糖酵解系统和有氧系统	有氧系统
田径	田赛项目	90	10	
	100 米	98	2	
	400 米	80	15	5
	800 米	30	65	5
	1500 米	20	55	25
	5000 米	10	20	70
	10000 米	5	15	80
	马拉松		5	95
排球		90	10	
摔跤		90	10	

（二）速度训练的生物化学基础

从运动生物化学的视角来看，人体磷酸原供能系统和糖酵解供能系统的供能能力决定了人的速度水平，所以要促进速度素质的发展，就要对这两大供能系统进行优化，使它们在运动中产生良好适应，促进其供能能力的增强。

在通过运动练习的方式来促进磷酸原系统供能能力提升时，每个练习要用最大运动强度去完成，持续时间最多为 10 秒，间歇 30 秒左右再重复下一次练习。重复 10 次后，休息 5 分钟左右。

在以促进糖酵解系统供能能力提升为主要目的的运动练习中，每次练习必须全力完成，时间为 1 分钟，然后休息 4 分钟再重复下一次练习，每组 5 次，组间间歇时间稍长。

（三）耐力训练的生物化学基础

有氧氧化系统供能水平高的人耐力往往比较好，通过强度适宜、时间较长的身体练习可以提升耐力水平，运动方式主要包括长跑、骑自行车、长距离游泳等，每次至少要保证 30 分钟的连续运动时间。运动员也可以通过乳酸阈训练法提升耐力水平。

第三节 体能训练的基本原则

体能训练的基本原则是从运动训练的客观规律出发而确定的,在指导体能训练实施过程以及保障良好训练效果方面具有重要意义。体能训练的基本原则具有相对稳定性,可以用来指导体能训练实践。

专业运动员、警察等特殊群体的体能训练是随着竞技体育运动、行业训练特点的不断发展而发展的,有些内容直接从运动员的体能训练中借鉴而来,有些则根据警察工作的特殊需要而进行了重新调整和优化。

总之,随着体能训练理论的发展,面向运动员、警察等特殊群体的体能训练也不断地有新的变化和内容补充,使其更加充实与完善。但是,这些发展变化都是在体能训练的基本原则下进行的,如此才保证了训练的科学性和有效性。

一、全面性训练原则

全面性训练原则是体能训练的基本原则,特别是在刚开始发展体能时,一定要注意均衡、全面地发展各项体能素质。初期体能训练越是全面,机体的体能基础就越好。因此,为了获得更好的体能基础,在一开始就需要全面训练,使人体的体能水平获得全面的激活与发展。

(一)理论依据

全面性训练原则的理论依据如下:

(1)人体是一个统一的系统,各个器官和组织之间具有相互依存的关系,人体产生的任何变化都会在各个器官与组织上有所反映,且形成彼此依赖的关系。

(2)全面训练是发展运动素质和身体机能的基础,基础强大是获得优秀体能的前提条件。

(3)每一种体能素质之间存在着相互影响的关系。运动素质和运动技能的转换需要一定的基础条件,专项运动素质和技能的发展也需要建立在一般运动素质的基础上。只有全面发展才会创造出这种条件和可能,满足专项需要。

(二)贯彻要求

1. 全面发展体能,突出重点

警察需要拥有全面的基础体能,才能胜任其工作。对于进行初级体能训练的特殊行业群体，要循序渐进地发展，逐步提高其身体素质水平，以利于后面更有针对性的专门训练。

2. 结合工作需要进行训练

警察、部队士兵等特殊行业的体能训练并非是盲目的，而是在发展出一定基础的体能之后，进行更有针对性的，与其工作紧密结合的训练，使体能训练的效果与工作能力的提升有机联系起来。体能训练内容和手段的安排不仅要突出特殊的岗位特征，并且在表现形式上尽量与其日常工作经常应对的情况相一致，而且要充分考虑身体练习的生物力学等特征。

3. 评价训练效果

在体能训练过程中，应定期或不定期测验特殊群体的各项运动素质能力，检查体能训练效果，评定体能训练是否达到预期目标，找出体能训练的薄弱环节，从而为特殊行业的体能训练的调整提供科学依据。

二、系统训练原则

系统训练原则是从整体着眼，将体能训练看作是一个长期、持续且循序渐进的过程。这是符合人体生物学基础的，符合体能发展的规律。

（一）理论依据

1. 从已知到未知的规律性

关于人体的体能素质、运动能力的知识具有其发展体系和内在联系，其发展进程是遵循着由低到高、由易到难、由简到繁的规律，也反映出人们认识客观事物从已知到未知的规律性。所以，体能训练要依据身体的内在发展规律进行，使受训对象逐步发展身体素质，提升体能水平。

2. 生物适应的长期性

发展体能也是一个生物适应的过程，只有经过系统的训练，人体的各项身体素质才能在逐渐适应中获得提升和加强。

（二）贯彻要求

1. 保证训练的系统性

在进行体能训练时，还要注意时间上尽量不要间断，各阶段训练的组织要密切配合，训练内容的安排要有机衔接。特殊行业群体的长期系统训练必须以健全的训练体制为保障。

2. 保证训练的阶段性

体能训练的组织必须具有阶段性，逐步提高体能水平，这要求训练过程中训练课之间、小周期之间以及大周期之间的有机联系，并按由易到难、由简到繁、由浅到深、由已知到未知的顺序与规律来安排各阶段的训练内容。

三、区别对待训练原则

区别对待原则是指在体能训练中根据受训对象的不同职业、不同个体、不同训练任务及不同训练条件等具体情况，有针对性地组织训练，无论是训练方法还是训练内容、训练时间还是训练负荷都要有针对性地科学安排。整个体能训练过程必须依据该行业群体的特点来安排，减少训练的盲目性，使体能素质得到最大限度的发展。

（一）理论依据

1. 不同个体的个性化

个性化训练是现代运动训练的重要理念，在体能训练过程中要及时借鉴现代运动训练的先进方法和理念，即根据不同个体的实际情况和个人特点，包括性别、性格、身体形态、年龄、生理特点、心理特点，以及训练当时的身体状况和心理状况等，以上这些因素都会在不同程度上影响甚至决定着受训者体能训练的效果。因此，在有条件的情况下要根本不同个体的具体情况，对体能训练加以科学调整，才能得到最佳效果。

2. 特殊行业群体体能训练的多样性

对于从事不同项目的运动员、不同岗位的警察、士兵等，还需要进行有针对性的体能训练。比如，警察行业中的民警、交警、特警等，他们的工作职能和工作内容具有非常大的区别，因此在进行体能训练时要充分考虑他们对体能训练的多样性要求，然后进行有针对性的体能训练设计，选择不同的训练内容、训练方法、训练手段，从而满足警察体能训练的多样性要求。

（二）贯彻要求

1. 掌握受训人员个体特征

不同个体的性格特点、体能素质基础、健康状况、训练水平以及学习能力等情况均不相同，教练应深入了解具体情况，注意掌握受训对象身心发展过程中的各种特殊情形，因势利导，区别对待。

2. 处理好个人和集体的关系

在集体训练时，不仅要面向全体训练对象提出统一要求，还必须针对个别特殊的个体提出特殊要求，对特殊训练对象进行个性化的专门指导，这样既能保证全队的训练任务顺利完成，又能兼顾个别特殊人员的实际情况，照顾个别人员的训练需要，满足特殊行业群体的共性和个性需求，使每个受训对象都能提高体能水平。

四、其他训练原则

（一）变化性原则

在体能训练中，促进良好训练适应性的一个重要因素是恰到好处的训练变化。当受训人员进入新一轮训练，准备完成新的训练任务时，刚开始训练效果会很明显，体能会得到快速提升。但训练一段时间后，如果训练计划和负荷类型依然保持原状，那么体能提升的速度就会减慢。有时单调式的过度训练就是因为训练缺乏变化而导致的。如果训练内容长期不变，受训人员体能训练热情就会慢慢减退，训练效果也不会提升，甚至会出现下滑的迹象。有研究指出，人体体能训练效果不佳与单一重复的训练计划直接相关。

体能训练的单调性可以采取周期训练的方式来克服，周期训练也能够使人体的生理适应性得到本质上的增强。一直保持单一重复的训练计划和不断变化的训练计划都是不可取的，周期训练是一种折中手段。周期训练中，训练变化必不可少，对训练负荷和训练内容的适度调整与改变能够使人体在体能训练中达到最佳训练适应状态。如果一直采用一种训练计划，或训练变化不合时宜，那么很可能因为神经系统疲劳，无法正常接受刺激并产生预期的生理适应，从而导致训练效果总是无法达到预期。

在体能训练中，训练变化的形式是多种多样的。如在小周期的体能训练中，训练变化主要是通过对训练量、训练强度、训练形式以及训练密度等因素的调整与改变而实现的。此外，也有研究指出，要调整训练变化，可以将新的训练任务引入训练计划中，或者对特定练习内容进行周期性组合。这种训练变化方式能够促进人体训练适应性的增强，而如果在执行新的训练任务时发现人体的训练适应性并没有达到预期，也可以从训练计划中移除该任务，再用全新的、能够引起大多数受训人员训练兴趣和促进训练适应性的练习方式来补充与替代。

训练强度的不断调整与变化也是贯彻训练变化原则的一种可取方式，在小周期的训练中，练习强度的灵活变化要考虑生理刺激强度以及训练后的恢复时间，以促进运动员生理适应能力的提升。大运动量和小运动量的交替变化也有助于促进受训人员力量、爆发力以及耐力的提升。此外，交替变化训练强度与训练密度也是一种有效的训练策略。例如，当一个训练日只有一次训练课时，上午和下午分别进行高强度训练和低强度训练，次日，为促进机体恢复，训练课数量可适当减少，第三天，可以再次增加训练强度，即训练课可安排得多一些。

（二）建立与发展训练模式原则

不同行业群体的体能训练有自身的模式，建立体能训练模式与个性化和专项化的训练密不可分。在体能训练模式的构建中，要以运动生理学为指导，要对影响运动员体能发展和训练成绩的诸多因素予以考虑，从而循序渐进地实施训练计划，并对实施效果进行评价，修改并完善计划，最终促进运动员体能的全面发展。

体能训练模式的建立与发展是一个长期的过程，在不断调整与完善训练模式的过程中，要始终保证训练模式与体能发展需求相一致。体能训练模式的发展，既要以原有训练模式为基础，又要以评估结果为依据来调整与改进原有训练模式，虽然过程比较复杂，但也是需要努力完成的工作，因为不断发展体能训练模式具有重要意义，训练模式越先进、完善，训练程序越科学、有效，受训对象体能发展就越好。

在体能训练模式的实施过程中，要对受训对象的体能变化情况、训练表现进行监控，察觉他们是否有不良反应，最终形成一份真实全面的监测报告。报告的主要内容包括生理特征的定期评价结果、训练日记资料、训练中的心态变化、训练过程中的营养状况以及引起的技术水平的变化。如果教练质疑训练模式的有效性，就要重新进行评估并修改模式，确保修改后的模式能够使受训人员体能发展到理想水平，获得较为理想的训练效果。

体能训练模式是否有效，最终还是要通过实际工作表现来检验。如果经过一段时间的体能训练，受训人员在实际工作中，在执行任务时获得较好的体能表现，对任务执行发挥了积极的影响作用，那么训练模式的有效性就得到了验证。

如果在实际工作中，发现这一阶段的体能训练并未得到预期的效果，就需要重新评估，并进一步改进训练模式，开始新阶段的体能训练。重新评估需要综合检测之前的训练成果，确定训练效果是否与训练目标一致，以及是否达到了预期的训练目标。此外，还需要评估特殊时刻的应对能力以及应对程度，并决定是否将应对能力培养及改善纳入体能训练模式与计划中，重新评估后构建的训练模式要在新阶段的训练中投入使用。

第四节　体能训练计划设计

一、体能训练计划设计的依据

制订与设计体能训练计划，必须以体育锻炼的科学原理、人体生长发育规律、体能发展规律等为依据，必须将实现训练目标的需要与影响训练的主客观条件有机结合起来，从而保证体能训练计划的科学性、操作性和有效性。

具体而言，在体能训练计划的设计中要综合参考以下几方面。

（一）体能训练的目标

设计体能训练计划的最终目的是实现预期的体能训练目标，如增强运动能力，改善体质，提高健康水平等。这样的理想目标状态是从初始状态逐渐转移实现的，而转移的手段是进行科学的体能训练，制订最佳训练计划能够使体能状态的转移更加顺畅，缩短从初始状态向目标状态转移的过程，及早实现预期目标。

（二）训练对象的体能起始状态

体能训练计划要与训练对象的实际情况相符，因此必须基于训练对象的体能起始状态而确定训练目标，设计训练计划，将此作为整个体能训练的起点。结合训练对象的现实状态而设计的体能训练计划更容易被训练对象接受，能够使训练对象在实施计划的过程中充分发挥主观能动性，积极配合各项计划的完成，最终也有利于提升训练对象的体能水平。

（三）体能训练规律

要保证体能训练的科学性，就必须在设计体能训练计划时遵循体能锻炼的相关规律，如身体素质的发展规律，体能发展过程的多变性与可控性，等等。遵循客观规律设计的体能训练计划更具有科学性，也更加连贯、严谨。

（四）影响体能训练的客观条件

体能训练活动能否顺利开展，与运动场地、器材设备、营养、医疗等客观条件有着必然的关系，因此在设计体能训练计划时必须考虑现有训练条件，依据实际情况去设计，同时也要积极改善客观条件，为顺利开展训练工作提供良好的物质支持与医务保障。

二、体能训练计划设计的要求

体能训练计划要满足以下要求：

（一）合理性要求

开展体能训练工作，要以科学合理的体能训练计划为参考和标准，训练过程是否系统、合理、有效，直接受训练计划合理性的影响。因此，必须在科学认识与正确把握体能训练客观规律的基础上设计科学合理的体能训练计划，并从训练对象的实际情况出发安排训练过程，通过训练有效解决训练对象的体能发展与健康问题。

（二）简明实用性要求

体能训练计划的适用对象是以改善体能、增强体质为目的的体育健身爱好者以及其他有增强体质需求的人，所以体能计划不宜太复杂，要以简练的文字说明训练的目的、内容、方法、组织形式等重要信息，必要时配合图片说明，总之要使健身指导者和训练对象看得清、看得懂，便于实施训练工作，也便于用量化标准和可操作性强的方法去检查与评定体能训练效果。

（三）相对稳定性与应变性要求

基于训练对象体能初始状态而设计的体能训练计划在一定时期内具有相对的稳定性，在这个时期内训练对象按照训练计划进行科学合理的体能训练，能够改善体能状态，提升适应能力，而当训练对象的适应性显著增强，体能状态明显改善，以及训练的客观条件发生变化时，也要着手从现实的主客观条件出发而进一步修订计划。

三、体能训练计划设计的程序

对体能训练计划进行设计是一项涉及诸多因素的复杂工程，系统的训练计划包括诸多环节与子程序，不同环节和各个子程序之间有着必然的联系，对整个计划的运作有重要影响。因此一定厘清计划中各要素的关系，要按照一定的程序设计系统的体能训练计划，保证体能训练计划的科学性和系统性，并尽早将其投入使用，在实践中检验计划是否可行，是否有效。

体能训练计划的设计程序如图 1-2 所示。

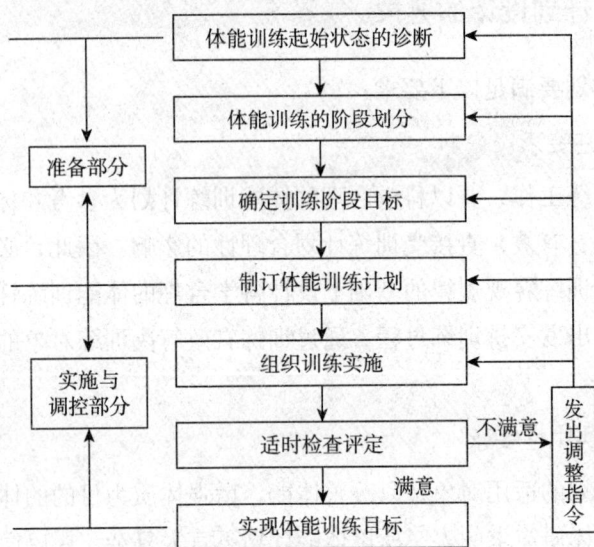

图 1-2 体能训练计划的设计程序①

四、体能训练计划设计的注意事项

（一）注重爆发力训练

力量是体能的重要组成部分之一，是五大身体素质之一，也是运动素质的基础，在体能训练计划的设计中，力量训练内容与方法的设计与安排尤为重要。而且要注意将爆发力的训练内容与方法融入力量训练计划体系中，改变人们认为只有运动员才需要爆发力的传统思想。

爆发力不只是专业运动员需要，普通人也需要，只是水平要求不同。爆发力是人们参加很多体育运动都需要的基本体能，因此在体能训练中应该注重爆发力训练，通过练习举重、高翻等来培养。

（二）注重核心稳定力量训练

在体能训练中，核心稳定力量的训练也很重要，核心稳定力量对个体而言有着重要的作用，尤其能够帮助人们在参与运动项目时很好地完成技术动作，充分发挥技术能力，并能预防运动损伤。

（三）核心训练和辅助训练的定位要准确

在体能训练中，哑铃和杠铃是最常见的健身工具，但是现在有一些体能训练指导员将一些其他国家流行的花式训练手段作为主要训练手段，而将借助哑铃和

① 刘建国，崔冬雪，范秦海. 学生体能锻炼教程 [M]. 石家庄：河北教育出版社，2010.

杠铃进行训练的手段作为辅助训练手段，这是没有准确定位核心训练与辅助训练的表现。

一般情况下，在体能训练中，采用辅助训练手段的训练量在 12%～25% 之间，采用核心训练手段的训练量占绝对的比例。虽然组合式器械的训练手段多，但训练效果未必能满足训练者发展自身综合体能的要求。为了提升人们体能锻炼的积极性，对训练形式与手段的创新固然重要，但不能因此而忽视实际效果，在训练中依然要以核心训练手段为主，并把握核心训练内容。

（四）练习动作应标准

进行体能训练的态度必须严肃认真，自觉积极地训练，深入领会重要动作，通过长期系统的、多次重复的训练而促进正确动作记忆的形成，并达到标准化水平，这样既能保证体能训练的效果，又能预防运动损伤。体能训练的教练员应对训练对象的练习动作质量提出严格要求，端正训练者的态度，切实提升其健康体能水平，增强体质。

五、体能训练计划设计示例

（一）增肌训练计划

增肌训练计划包括入门和进阶两个阶段，计划安排见表 1-5。

表 1-5　增肌训练计划

	入门阶段		进阶阶段	
周期	12 周		8 周	
间歇	组间间歇 40 秒 不同动作间歇 2 分钟		组间间歇 ≤90 秒 不同动作间歇 2 分钟	
要求	一次训练课 ≤60 分钟		一次训练课 ≤45 分钟	
一周训练示例	练习部位	练习手段	练习部位	练习手段
周一	胸部	以下每个练习均为 12 个×4 组： （1）上斜杠铃卧推 （2）下斜杠铃卧推 （3）平板杠铃卧推 （4）坐姿器械推胸 （5）坐姿器械夹胸	腿部	除练习（1）是 10 个×10 组，其余均为 10 个×3 组： （1）全蹲 （2）臀屈伸 （3）臀桥 （4）内收 （5）外展

（续表）

		入门阶段		进阶阶段
周二	背部	以下每个练习均为 12 个×4 组： （1）坐姿划船 （2）杠铃划船 （3）器械引体向上 （4）对握器械下拉 （5）宽握器械下拉	胸部	以下每个练习均为 10 个×3 组： （1）上斜杠铃卧推 （2）下斜杠铃卧推 （3）平板杠铃卧推 （4）平板飞鸟 （5）双杠臂屈伸
周三		休息（辅助练习）		休息（辅助练习）
周四	肩部	以下每个练习均为 12 个×4 组： （1）俯身斜板哑铃侧平举 （2）坐姿杠铃颈后推举 （3）坐姿杠铃颈前推举 （4）杠铃耸肩 （5）哑铃侧平举	背部	除练习（1）连续做 50 个外，其余均为 10 个×3 组： （1）引体向上 （2）T 杠划船 （3）杠铃划船 （4）对握器械下拉 （5）直臂下拉
周五	手臂	以下每个练习均为 12 个×4 组： （1）杠铃窄握弯举 （2）杠铃宽握弯举 （3）锤式弯举 （4）牧师椅杠铃弯举 （5）站姿臂屈伸 （6）俯立臂屈伸 （7）跪姿臂屈伸 （8）颈后臂屈伸	肩部	以下每个练习均为 10 个×3 组： （1）杠铃坐姿颈前推举 （2）俯身侧平举 （3）杠铃前平举 （4）杠铃耸肩 （5）哑铃侧平举
周六	腿部	以下每个练习均为 12 个×4 组： （1）杠铃深蹲 （2）坐姿提踵 （3）腿弯举 （4）腿屈伸	手臂	以下每个练习均为 10 个×3 组： （1）哑铃单臂弯举 （2）杠铃弯举 （3）锤式弯举 （4）器械弯举 （5）颈后臂屈伸 （6）站姿绳索臂屈伸 （7）站姿臂屈伸 （8）双杠臂屈伸
周日		休息（辅助练习）		休息（辅助练习）
辅助练习		每日卷腹 200 次+拉伸练习		（1）每日卷腹 200 个+握力 300 次+拉伸练习 （2）周三，周六：长跑练习（3000 米）

（二）心肺耐力体能训练计划

心肺耐力体能训练同样可以分入门和进阶两个阶段来安排，其计划见表1-6。

表1-6　心肺耐力体能训练计划

	入门阶段		进阶阶段	
周期	4周		4周	
间歇	组间或次间5分钟		力量练习：组间2分钟，不同动作间2分钟 其他练习：组间或次间10分钟	
要求	—		在完成入门练习后进行该阶段练习	
一周训练示例	练习形式	练习手段	练习形式	练习手段
周一	陆上练习	一次5000米沙滩跑	陆上练习	两次5000米沙滩跑
周二	水中练习	两次1500米游泳	水中练习	一次3000米游泳
周三	休息（辅助练习）		力量练习	以下各项练习中，强度均为70%，每个练习做到力竭为止： （1）臀屈伸 （2）站姿屈髋 （3）腿弯举 （4）屈腿
周四	坡度练习	一次上坡跑2000米	休息（辅助练习）	
周五	水中练习	两次1500米游泳	陆上练习	两次5000米跑
周六	休息（辅助练习）		水中练习	一次3000米游泳
周日	坡度练习	一次下坡跑1500米	休息日（辅助练习）	
辅助练习	每日卷腹100个+慢跑1千米		每日卷腹100个+慢跑1千米	

（三）柔韧性体能训练计划

在体能训练中，身体柔韧性训练计划示例见表1-7。

表 1-7　身体柔韧性训练计划

周期		8 周
间歇		组间和动作间间歇均≤1分钟
要求		与基础力量、平衡力以及协调性训练相结合
一周训练计划示例	练习内容	练习手段
周一	髋部柔韧性	以下练习每个 10 次，每次 20 秒： （1）竖角式练习 （2）坐角式练习 （3）直角式练习 （4）三角式练习 （5）髋部绕环练习
周二	上肢柔韧性	以下练习每个 10 次，每次 20 秒： （1）肩部柔韧性练习 （2）祈祷式练习 （3）反向祈祷式练习
周三	综合柔韧性	瑜伽拜日式练习，20 次，无间歇
周四	平衡力练习	以下练习每个 10 次，每次坚持到自己的极限时间 （1）俯平衡练习 （2）仰平衡练习 （3）侧平衡练习
周五	髋部柔韧性	以下练习每个 10 次，每次 20 秒： （1）竖角式练习 （2）坐角式练习 （3）直角式练习 （4）三角式练习 （5）坐姿屈髋练习
周六	力量练习	（1）前蹲：12×4 组 （2）高抓：以 50%、60%、70%、80%的强度各做 2 次，最后以 90%强度做 1 次 （3）支撑深蹲：以 50%、60%、70%、80%的强度各做 2 次，最后以 90%强度做 1 次
周日	综合柔韧性	瑜伽拜日式练习，20 次，无间歇
辅助练习		每日慢跑 1 千米+卷腹 100 个+基础力量训练（周六除外）

（四）平衡力体能训练计划

在体能训练中，平衡力体能训练计划见表1-8。

表1-8　平衡力体能训练计划

周期	8周	
间歇	组间和动作间间歇均≤1分钟	
要求	与基础力量、柔韧性以及协调性训练相结合	
一周训练计划示例	练习内容	练习手段
周一	平衡力练习	以下练习各20次： （1）慢速独木桥练习 （2）俯平衡练习（保持最长时间） （3）"金鸡独立"（保持最长时间）
周二	力量练习	（1）静力深蹲负重：70%强度，每次持续30秒，重复4次 （2）箭步蹲：以50%、60%、70%、的强度各做2次，以80%、90%以及极限强度各做1次 （3）支撑深蹲：以50%、60%、70%、的强度各做2次，以80%、90%以及极限强度各做1次
周三	平衡力练习	同周一平衡力练习
周四	力量练习	同周二力量练习
周五	柔韧性练习	以下练习每个10次，每次20秒： （1）坐角式练习 （2）三角式练习 （3）直角式练习 （4）肩部柔韧练习 （5）坐姿屈髋练习
周六	力量练习	同周二力量练习
周日	休息（辅助练习）	
辅助练习	每日慢跑1千米+卷腹100个+基础柔韧训练（周五除外）	

（五）协调性体能训练计划

协调性体能训练计划见表1-9。

表1-9　协调性体能训练计划

周期	8周	
间歇	组间和动作间间歇均≤1分钟	
要求	与基础力量、柔韧性以及平衡力训练相结合	
一周训练计划示例	练习内容	练习手段
周一	力量练习	以下练习均以50%强度完成6次练习，然后强度以10%递增，练习次数递减1次，直至达到极限强度 (1) 借力推举 (2) 高抓 (3) 高翻
周二	协调性练习	(1) 助跑双脚跳摸高：10次 (2) 助跑单脚跳摸高：10次 (3) 双手运球：30米×5次 (4) 双手反向运球：30米×5次
周三	平衡力练习	以下练习各10次： (1) 慢速独木桥练习 (2) 俯平衡练习（保持最长时间） (3) "金鸡独立"（保持最长时间）
周四	柔韧性练习	以下练习每个10次，每次20秒： (1) 坐角式练习 (2) 三角式练习 (3) 直角式练习 (4) 压腿练习
周五	力量练习	同周一力量练习
周六	协调性练习	(1) 助跑单脚跳摸高：10次 (2) 单脚跑跳：30米×3次 (3) 双手运球：30米×5次 (4) 双手反向运球：30米×5次
周日	休息（辅助练习）	
辅助练习	每日慢跑1千米+卷腹100个+基础平衡力、柔韧性练习 （周三、四除外）	

第二章

健康管理概论

对人类来说，健康永远都是第一需求。国家发展和民族繁荣都要以国民健康为基础，因而国计民生大事中永远都少不了维持和促进国民健康。为提高全民健康水平，促进健康中国战略目标的实现，必须加强健康管理，将全社会的积极性调动起来，对体制内外资源予以整合，为实现全民健康创造良好的环境。在健康促进工程实施中，健康管理作为一种具体的途径和方法，能够从理论与实践两个层面为促进大众健康提供科学指引，切实提高国民健康水平。本章主要介绍健康管理概论，首先讲述健康管理的基本知识、基本策略和基本内容，然后着重提出运动训练中运动者健康管理的方法。

第一节 健康管理基础

一、健康管理的含义

健康的话题自古就有，健康管理的相关理论研究、实践探索从人类诞生开始就从未停歇。早期，人们对健康管理的理解主要建立在诊断治疗疾病的基础上，关于促进健康的策略以对疾病的预防和诊治为主，如预防与治疗结核病的健康管理等。

健康管理是全面监测、分析、评估、预测健康危险因素，并采取预防和维护措施的全过程，监测对象既包括患病人群，也包括健康人群和亚健康人群。传统意义上的治疗疾病是比较被动的健康管理方式，而今天我们实施健康管理主要是主动管理人体健康，维护健康，这样可以预防疾病，减少医疗支出，减轻医疗负担。

健康管理也是一种健康服务，以个体健康状况为依据提供个性化健康指导，引导服务对象积极采取行动改善自身体质状况，促进与维护健康。健康管理属于健康事务性管理服务，它具有个性化特征，该服务的实施要以个人健康档案为基础，采用的是现代生物医学管理和数字化管理相结合的模式，从生物学、社会学、心理学等多元学科视角出发，为不同个体、各类群体提供个性化的、全面的健康服务，为个体与群体的健康提供保障。现阶段，健康管理主要在慢性非传染性疾病的防治与管理中应用较多，如"三高"、糖尿病、恶性肿瘤、冠心病、脑卒中等。国外关于健康管理的研究表明，在慢性非传染性疾病的防治中加强健康管理，能够有效预防慢性疾病，促进慢性病患者的康复，改善患者的健康状态。对健康人群而言，通过健康管理可以长期维持健康，预防疾病，减少健康消费和医疗消费。

健康管理作为一种特殊的服务，通常由传统医疗机构（医院等）之外的专业健康管理公司（第三方服务机构）提供，但第三方服务机构在服务过程中也会与传统医疗机构建立合作。一般来说，先由第三方服务机构评估个体或群体的健康状况、生活方式等，为其提供个性化健康指导，并与医疗机构联合进行健康干预。专业的健康管理公司在服务过程中往往从循证医学、营养学中寻找依据，并采取信息化管理技术模式，旨在为个体或群体提供全方位的健康保障服务，服务过程中的着眼点既涉及环境、营养，也涉及运动、心理等，要从多角度出发指导健康人群维持健康，引导患病群体采取积极有效的措施实现早日康复。

当前，健康管理的理论研究无论在国内还是国外都很受重视，但相对来说，我国对健康管理的研究还处于初步阶段，研究不够系统，也比较粗浅，尚未达到西方国家那样的研究水平。但西方国家对健康管理的理论研究成果能够为我们提供启发和借鉴，尤其是从医疗视角建立的健康管理理论更是值得我们学习。

二、健康管理的意义

健康管理对个人、对社会都具有非常重要的现实意义。下面对这两方面的意义进行具体分析。

（一）健康管理的个人意义

1. 了解个人健康状况

第一，通过咨询、检查等方式，对个体的身体健康状况有所了解，根据机体组织器官的健康情况判断生理年龄，清楚其与实际年龄（周岁）的差异。

第二，了解个体的身心状况是健康、疾病，还是亚健康（介于健康与疾病之间，是一种过渡性的健康状态）。

第三，根据以上信息对一个人今后一段时间患某种病的概率进行预判，并加强预防。

2. 长期跟踪个人健康

健康管理对个人健康状况的跟踪与服务是长期的，对个体每次体检和看病的资料都会记录和保存，这与过去病一次去一次医院的疾病诊疗模式不同。通过长期的跟踪式服务，能够更有预见性地、准确地判断个人健康情况，预测患病率。

3. 避免拖延病情，及时指导就医

通过健康管理，可以提醒个人及时干预不适症状和尽快就医。如果只是偶感不适，症状较轻，可及时请教保健医师，如经过初步诊断确需治疗，要尽快去正规医院进行检验和治疗。总之，每个人都要及早干预健康问题，不要心存侥幸，否则会因为拖延病情而错过最佳治疗时间，导致受疾病困扰的时间延长。

4. 降低患病风险

定期体检能够降低患病风险，这也是健康管理的重要意义之一，下面从两个方面展开分析。

第一，管理者以健康管理程序为参照，对个体自身及家族的健康资料予以全面掌握，并依据这些资料制订科学可靠的体检方案，这样一来，体检项目不仅全面，而且更具有针对性。

第二，由第三方服务机构保存个人的健康检查数据、资料，对比前后检查结果，从而对疾病作出预测，或尽早发现健康危险因素，提出进一步的检查方案或对症治疗措施，排除健康风险。有些疾病如果能在早期发现，那么治愈率将大幅提升。

此外，第三方服务机构一般来说对体检的安排是全方位的，为个体体检提供最大的便捷，一般预约好的体检项目都能如期完成，很少会因为一些主客观原因而轻易取消或中断体检。

5. 减少医疗支出

第一，通过全面的健康管理，可以及时发现健康隐患，及时排查，及时干预，降低疾病发病率，而且早期发现重大疾病还能使治疗效率和效果都得到提升，这样就减少了医疗支出。

第二，个体通过健康咨询和就医保健指导，可以避免盲目购买保健产品，减少不必要的健康开支。

第三，专业的健康管理机构能够指导个体做针对性的健康检查，避免不合理检查、不合理用药以及过度医疗。

（二）健康管理的社会意义

健康是每个人都拥有的基本权益，但维持健康往往要付出一定的成本，甚至是高额代价，尤其是医疗费用在世界范围内高度膨胀和医疗行业出现恶性竞争之后。

近年来，我国加强医疗改革主要是为了对医疗费用过高、医疗费用增长过快的现状加以控制，这样才能使人们维持健康的成本不断减少。我国政府为达到这些目的，采取诸多措施进行医疗改革，如医疗资源的合理配置、逐级医疗转诊制度的执行、医疗保险制度的完善、允许第三方管制医疗市场、医药分开方针的执行等。但采取这些政策和措施面临的问题是，各项制度的出台、运行和完善是需要付出高额成本的，而且有些制度经过实践检验后发现并没有取得明显的效果。所以，医疗卫生界要不断探索能够有效控制健康成本的医疗改革途径，这是一项长期任务。

在医疗活动中，医患之间的信息不对称是普遍存在的问题，这也是影响医疗健康成本控制的关键因素。在医患关系中，医者掌握着绝大多数的信息，处于信息垄断地位，如何使患者也掌握其中一些有利信息，在医生与患者之间建立良好的委托代理关系，这也是医疗领域的一个研究方向。在这样的背景下，健康管理的新理论日渐形成。

不管是对个人而言，还是对社会而言，健康投资的成本都比治疗疾病投入的成本要少，通过健康管理后，医疗费用可以明显减少。从这个角度来看，健康管理不仅是一种服务，还是一种健康投资方式。健康管理更是一套周密的健康服务程序，它充分体现了社会人文关怀，引导人们为健康理性投资，对促进健康医疗开支的合理分配、医疗成本的降低以及促进患者早日康复、保持健康具有重要意义。

总之，科学的健康管理对个人、社会都具有重要意义。加强健康管理，能够使个体形成健康的生活方式，在个性化、全面化、专业化的健康服务下，使个体、家庭、社会保持良好健康状态，对促进个人的健康成长和社会的持续发展都具有重要意义。

三、健康管理的科学基础

健康管理是具有科学基础理论支撑的，如疾病的发生、发展过程；健康和疾病的动态平衡关系以及医学上的干预和预防等（图2-1）。一个人的身体状况从健康到疾病所经历的过程包括发生、发展两个阶段，有时是从健康状态开始，但未必是完全的健康，可能是低危险状态，然后随着健康危害因素的增加，逐渐向高危险状态演变，逐渐发生早期变化，一些临床症状也开始出现。

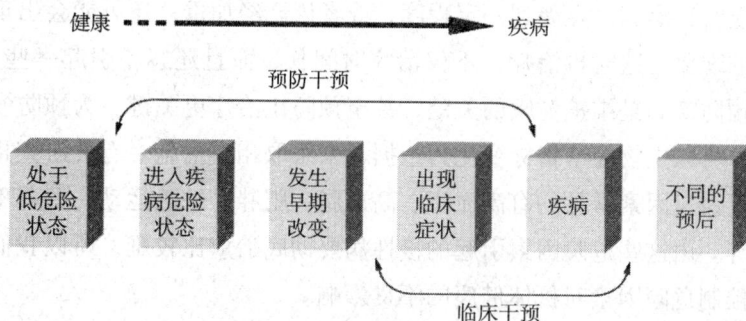

图2-1　健康管理的科学基础①

一般来说，疾病诊断往往会有一个时间过程，只是不同类型的疾病，诊断时间过程长短不一，急性传染病的诊断时间过程较短，慢性疾病的诊断时间过程较长，在得到诊断之前，身体会有一些不易被察觉的变化，所以身体从健康到患病的整个过程中虽然有不同阶段的变化，但是界限不明显。在疾病得到诊断之前，要采取预防措施进行健康干预，预防越及时、有效，阻断疾病或延缓疾病发生过程的可能性就越大，从而有效维护健康。

人的生命危险性主要包括以下几种类型：

第一，相对危险性。它指的是个体与同性别、同龄群体的平均水平相比患病的相对性，如相对来说患病的可能性大或小。

第二，绝对危险性。它指的是个体未来一段时间内患某个或某些慢性疾病的可能性。

第三，理想危险性。它是在个体身体完全健康的情况下得到的数值。

上述三种生命危险性中，第二种和第三种之间的区别在于个人可以纠正不良生活习惯，摒弃不良生活方式，从而改善生活质量和健康状况。能够导致疾病发生的危险因素按是否可以改变分为两种类型：第一种是可以改变的危险因素，随着生活方式与生活行为的改善，这类危险因素也会随之改变，具体表现为危险因素的危险性减弱或得到控制，这是健康管理的一个基本科学依据；第二种是不可改变的危险因素，这类危险因素难以控制，即使改善生活方式，危险因素的危险性也不会明显降低，依然会危害身体健康，威胁生命。

一般情况下，慢性病从发生到发展，最后到确诊，整个过程比较缓慢，发病的原因主要与遗传因素、环境因素等有关，在不同影响因素的作用下，机体生物

① 贺洪，汤长发. 健康管理概论［M］. 长沙：湖南师范大学出版社，2012.

指标发生一定的变化，从而出现慢性病。慢性病发生早期症状不易察觉，因而不易被诊断，所以个体通常也没有预防的意识，或者不知该如何预防。正因如此，当症状明显时，疾病已发展到一定程度，或者说已经加重，还可能会出现突发性临床发作的现象，这时再治疗，不仅治疗时间长，而且还容易引起一些并发症。所以说，预防疾病是维护健康的关键，甚至预防比治疗更关键。为预防慢性病发生和发展，可以生物医学指标变化为依据，来采取相应措施。有关研究指出，慢性病的主要诱发因素常见的有高血压、高血脂、肥胖、缺乏运动、营养不足、吸烟和酗酒等。由这些危险因素引起的慢性病要彻底治愈比较难，所以我们要尽可能预防和控制危险因素对机体健康的不良影响。

在健康管理中，高危人群是重点管理对象。慢性病的高危人群需要通过健康风险分析和评估来确定，一旦确定哪些慢性病患者属于高危人群后，就要及时采取手段进行干预，将健康危险因素的危害控制到最小，这样发病风险就能降低，防止出现不可逆转的现象，并延缓疾病进程。

随着现代信息技术的不断发展，健康管理的效率也不断提升，将先进的信息技术利用起来，对各种健康体检数据、疾病诊断结果进行分析，从中整理出有参考价值的、意义重大的健康管理信息，然后为健康管理过程提供参考，优化健康管理过程，提高健康管理效果。

第二节　健康管理的基本策略

健康管理的对象有的是健康人群，他们没有疾病，但生活习惯可能不健康；有的是高危人群，有个别指标异常，但没有明确诊断为是疾病；有的是患者，已经在医疗机构被确诊了疾病，如冠心病、糖尿病等。对于不同的管理对象，健康管理者主要采用非临床手段进行管理，无论是健康人群、高危人群还是患者，都要对他们进行健康评估，然后进行针对性健康管理，而且以生活方式管理为主，从饮食、运动、心理和生活习惯上进行一般性的干预。患者除了要接受一般的生活方式管理之外，还要接受专门的疾病管理，由医生采用临床手段进行治疗，临床治疗和生活方式管理相结合，能够使患者的依从性得到提升，促进治疗效果的改善。

从上述分析来看，健康管理的策略根据管理对象的不同可以分为两种类型，即生活方式管理和疾病管理（图2-2）。

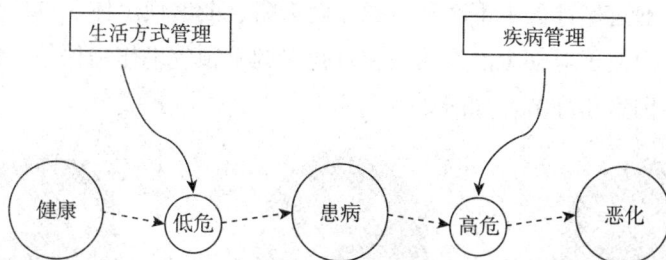

图2-2　健康管理的基本策略①

一、生活方式管理

生活方式管理是健康管理的基本策略，既可以单独进行生活方式管理，也可以将其融入疾病管理，作为疾病管理的辅助策略，目的是引导管理对象形成健康的生活方式，预防疾病和促进康复。

健康管理的过程包括健康监测、健康维护、疾病预防和疾病治疗，生活方式管理贯穿其中每个环节。对不同的人群采取生活方式管理策略时需要有所侧重，主要有以下几种情况。

（1）对健康人群和低危人群进行健康管理，以生活方式管理为主。

（2）对疾病早期、轻度患者进行监理管理，以生活方式管理为基础，通过积极干预不良生活方式，使患者的健康状况得到改善，如效果不明显，实施药物干预，但药物干预的同时也要继续进行生活方式管理，以加强、巩固药物治疗效果。当患者指标平稳后，药物剂量可逐渐减少，症状消失后，可酌情停药，然后继续用生活方式管理来巩固和维持治疗效果。

（3）对中度以及有合并症的患者，以临床治疗为主，同时配合生活方式管理，以促进临床治疗效果的提升。

二、疾病管理

健康管理策略除了生活方式管理外，还有一大主要策略，那就是疾病管理。疾病管理有较长的发展历史。疾病患者要有一定的自我管理能力，这样才能有效控制疾病，疾病管理是面向患病群体进行协调性干预与相关信息交流的过程。疾病管理系统对病患的自我保健能力提出了较高要求，强调自我保健对治疗疾病与促进康复的重要性。健康医患关系的维持、保健计划的实施都离不开疾病管理，疾病管理强调为预防病情恶化，既要采取循证医学的康复策略，同时也要增强个

---

① 马军.健康管理概论［M］.北京：人民日报出版社，2006.

人保健能力，通过循证医学策略和自我保健策略，能够使个体或群体健康得到持续性改善，从而便于对临床治疗效果和自我保健干预效果作出评估。疾病管理包含若干重要的因素与环节，如图 2-3 所示。

图 2-3　疾病管理的要素

了解疾病管理的几个要素后，可以将疾病管理的特点总结为以下三点。

（1）疾病管理有特定的目标人群，将患有特定疾病的群体作为管理对象。例如，已确诊 1 型或 2 型糖尿病的患者是糖尿病管理的目标对象。

（2）疾病管理关注的是目标群体连续的生活质量和健康状况，而不是以某次就诊事件为管理的中心。可见，疾病管理不同于传统的单个病例管理或单次就医事件管理。

（3）协调在疾病管理中至关重要。疾病管理强调医疗卫生干预及专业机构健康服务干预的综合协调。疾病从产生到治愈需要经历一个过程，疾病管理关注的就是这样一个过程，在这个过程中要尽可能使患者的健康状况得到持续性的改善。治疗疾病，医疗卫生干预是必不可少的，但提供健康服务的专业机构，也就是第三方服务机构也要充分发挥作用，与医疗卫生机构协调一致，共同进行疾病干预，促进疾患者康复。

第三节　健康管理的基本内容

健康管理是一个不断运行的良性循环系统，如图 2-4 所示。系统的整个运行过程包括检查与监测健康危险因素（发现健康隐患）→评价健康危险因素（认识健康问题）→对健康隐患实行干预（消除隐患、解决问题）→再监测→再评价→再干预。在这个循环系统中，对健康隐患实行干预，也就是解决健康问题是核心环节。健康管理每循环运作一次，都会发现并处理一些健康问题，随着健康管理的循环运行、周而复始，健康管理服务对象的终身健康将会得到保障。如果健康管理循环系统不能有效运作，那么健康管理的效果就会大打折扣。

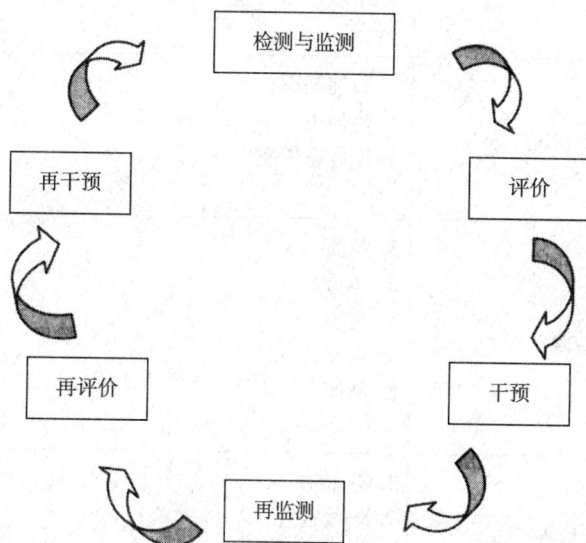

图 2-4 健康管理循环①

健康管理具有前瞻性，在整个健康管理系统的运行过程中，投入少，回报多，回报是指能够获得理想的健康效果，使健康服务的收益不断增加。健康管理具体分三个步骤展开，分别是健康信息采集、健康风险性评估以及健康干预，这三个环节也构成了健康管理的主要内容。下面对这三个方面的健康管理内容进行分析。

一、健康信息采集

维护个人健康的前提是对个人健康状况有所了解。所以说，对个人健康信息的收集是健康管理的第一步，也是健康管理的基础内容。

通常，需要收集的个人健康信息见表 2-1。

① 马军. 健康管理概论［M］. 北京：人民日报出版社，2006.

表 2-1　个人健康信息

个人健康信息	具体信息内容
基础信息	1. 姓名 2. 性别 3. 年龄 4. 婚姻状态 ……
基本健康状况	1. 目前健康状况 2. 疾病史 3. 家族遗传病史 ……
体格检查	1. 身高 2. 体重 3. 胸围 4. 血压 5. 脉搏 ……
影像学检查	1. CT 检查 2. X-线检查 3. 超声检查 ……
实验室检查	1. 血脂 2. 血糖 3. 血常规 4. 尿常规 ……
电生理检查	1. 脑电图 2. 心电图 ……
生活方式	1. 饮食状况 2. 运动情况 3. 睡眠情况 4. 工作情况 5. 吸烟、饮酒情况 ……

二、健康风险评估

将表 2-1 中的个人健康信息收集并整理后，开始评估个人健康状况、未来患病风险，以量化评估为主，通过评估，能够使个体对自身健康风险有正确的认识，引导个体调整生活方式和改变生活习惯，形成健康的生活方式，并为个体提供个性化健康干预措施，指导个体落实各项健康措施或配合健康干预服务，然后评估健康干预措施的实施效果。

在健康风险评估环节，主要是通过了解健康风险因素而对患病的可能性、概率进行评估，也就是进行疾病预测。通过综合分析个人的健康信息，发现其中的健康风险因素，基于此对该个体在未来一定时期内发生某种疾病或出现某种非健康状况的可能性进行预估。疾病预测具有评估结果可量化、可比较等特点，根据可量化的评估结果，可以判断个体属于低危人群、中危人群还是高危人群，针对不同人群实施不同健康干预方案，制订个性化健康管理计划（提出健康改善目标，提供健康行为指南，明确健康改善模块），从而使健康危险因素得到有效控制。

三、健康干预

在健康信息采集和健康风险评估的基础上，通过科学有效的方法、手段引导个人或集体采取行动，摒弃不健康的生活习惯，将健康危险因素的危害控制到最低程度，甚至完全消除健康隐患，有序实施健康管理计划，通过实际行动达到健康管理目标。健康干预要根据个体的实际情况进行有针对性的实施，它具有个性化，要为不同的健康管理对象设定不同的健康管理目标、进行不同的个体健康指导，并对每个个体的健康干预效果进行动态追踪和监控。

健康管理的以上内容是相互联系、缺一不可的，为提高健康管理效率，在管理过程中可建立互联网健康服务平台，设计相应的计算机用户端系统。需要注意的是，健康管理是长期的过程，是循环运行的，前后环节连续不断，健康管理甚至要伴随人的一生，但在经过一定时间的健康干预之后，要重新采集健康信息，评估新的健康风险，调整健康干预计划，只有长期坚持，才能延续健康管理的效果，为人的终身健康服务。

第四节 运动训练与健康管理

运动本身就具有风险性，不管是平时参加运动训练，还是参加体育比赛，都有发生运动伤害的风险，运动伤害如果不及时处理，会对生活、学习和工作造成影响。因此，在运动训练中加强健康管理至关重要。

一、运动训练的理论与方法

（一）运动训练的原则

运动训练的基本原则是人们参加运动训练都必须遵守的基本准则，基本准则是根据运动训练的客观规律而确定的，在指导运动训练组织实施过程以及保障良好训练效果方面具有重要意义。运动训练的基本原则具有相对稳定性，在一定的历史时期内能够普遍用来指导运动训练实践。随着体育运动的不断发展，运动训练也发生了新的变化，因而要求不断充实与完善运动训练的基本原则，以更加科学合理的基本准则去指导训练实践，保障训练效果。下面具体分析运动训练的基本原则。

1. 动机激励原则

动机激励原则是指通过有效激发人的主动性，使人自觉进行训练的原则。这一原则通过各种方式和途径，试图启发人的运动积极性和主动性，提高内驱力，从而能够独立、自主、创造性地进行运动训练，并能够在运动过程中进行自我调控、自我疏导，做好长期运动的心理准备。

理论依据：

（1）成功动机是重要的原动力。渴望成功是绝大多数人的内在愿望，希望实现自我价值，获得社会的认可，完成自我价值。对很多人而言，获得良好的运动效果和达到运动目的是不断推动其进行运动的强大动力。美好的愿望和成功的愿景激励和鼓舞着人们日复一日进行运动训练，并能不断克服各种挫败、伤病带来的困扰和障碍。人们之所以能自觉克服重重困难，就是因为具有强烈的成功动机。对于不同的人而言，参与运动训练的目的不同，常见的是增强体质、提高运动能力、获得优异的运动成绩等，有了这些动机后才能自觉参与运动。

（2）通过持续激励保持斗志。长期的运动使人们承受着巨大的心理负荷与生理负荷，其中包括不断困扰的伤病、运动能力发展的瓶颈期、人际关系压力、竞争压力、未来的不确定感等，这些都对人的心理的和生理产生极大的挑战，会使人产生挫败感，甚至失去信心直至放弃。

因此，在运动训练过程中需要不断地激励人们保持良好的动机，及时肯定自己的努力成果，对自己保持信心。对于每个人来说，感受到阶段性成果是莫大的鼓舞，是继续前行的巨大动力。

2. 适宜负荷原则

在运动训练中，对运动负荷的把握是训练的核心，也是训练的难点。在增加负荷时，需要遵循人体的基本发展规律，考虑个体的特性，选择适宜的负荷进行训练。任何运动训练都应贯彻适宜负荷的训练原则。适宜意味着训练目标不能脱离实际，训练负荷不能过大或者过小，负荷过小无法引起机体必要的应激反应，若过度负荷又会出现劣变现象。

理论依据：

（1）机体的生物适应现象。机体的应激以及适应变化往往保持在一个适度范围内。在这一范围内，负荷量越大，对机体的刺激越大，引起的应激越强烈，机体变化也就越明显，运动效果也越明显。

（2）过度负荷带来劣变现象。如果负荷控制不得当，比如负荷过大，远远超过了人体当下的承受能力，那么会带来负面作用。也就是说，运动负荷并非越大越好。这是因为，机体的生物适应现象只发生在适宜的条件下，也就是负荷适宜、方法适宜等，如果负荷超过了机体的承受范围，会直接给机体带来损伤。需要注意的是，过度负荷不仅仅是指生理方面，同时也包括生物体的心理方面。无论是过度的生理负荷，还是过度的心理负荷，都会引起机体不适应的症候。而且，心理不适应和生理不适应的反应不是完全割裂的，某些症候是复合的，过度的生理负荷有时也会引起心理不适。在训练中出现不适应症候时，应充分休息，采取措施积极恢复，否则会对机体造成严重危害，甚至影响生活。因此，在运动训练中要注意采用适宜负荷，避免机体的劣变现象发生。

3. 区别对待原则

区别对待原则也是常见的运动训练原则，它指的是在训练过程中，需要以人为本，对不同人区别对待，目的是让每个人都能在最佳状态下进行训练，使每个人都获得最佳运动效果。在制定训练目标、选择训练内容、安排训练负荷时，都要做到区别对待。即便是同一个人，在不同的时间也会呈现不同的状态，如果在同一个人的不同状态下都采用同一种训练方法或者训练负荷，就不能称作是科学的训练方法，运动效果必然会大打折扣。

理论依据：每个个体都是独一无二的，都具有各自独特的身体条件、运动条件以及个性，要想挖掘和发挥他们的最大潜能，就需要遵循区别对待原则进行训练。

4. 自觉性原则

自觉性原则，是指人在训练过程中应听从指导者的指导和安排，并且具有一定的自律意识，能够自觉、主动地练习，主动体会训练的意图，将训练目的与训练过程有机联系；还应自觉参与制订运动计划，主动向指导者提出自己的诉求，和指导者共同完善运动计划。自觉训练应成为每个运动者内化的思想意识，这对人们持续进行训练具有积极意义。

理论依据：

（1）在运动训练中要充分发挥个体的主观能动性，人始终是运动的主体，是技能的接受者，所以应当有意识地承担起运动训练主体的责任。事物不断发展，外因只是事物变化的条件，内因才是变化的根本，个体自觉训练才是运动训练可持续发展的根本。

（2）在运动训练中贯彻自觉性原则的另一个依据是人们对所参与运动的热爱，对训练目的和训练作用的主动认可和接受。也就是说，当人们对自身参与的体育项目产生强烈认同感时，就会产生从事运动训练的积极情绪。

（二）运动训练的方法

要想取得理想的训练效果，必须采取科学合理的训练方法。以下训练手段或方法可以选择性地运用。

1. 重复训练法

重复训练法，是指重复同一个练习且安排相对充分间歇时间的训练方法。通过多次重复某一练习，一方面可以刺激训练强度，达到理想的负荷；另一方面可以巩固对单一动作的熟练程度。

采用重复训练法时，要求在较高强度状态下完成训练任务。一般来说，重复训练法具有间歇时间相对充足的特点，为了保证磷酸原供能系统的再合成，间歇时间一般为 3~5 分钟。如果在某一训练中，间歇时间过短，有可能发生供能系统转移的情况，不利于训练的顺利进行。

2. 间歇训练法

间歇训练法，是指在训练过程中严格规定次与次、组与组之间的间歇时间，要求机体在不完全恢复状态下反复训练，有助于提高机体抗乳酸能力和持续运动的能力。

间歇训练法最显著的特点是严格限制间歇时间，使机体在不完全恢复状态下再次进入运动状态，使机体代谢产生明显变化。所以说，间歇训练法在各种训练方法中总负荷相对较大。在运动训练中，一定要依据每个人的具体情况合理地安排运动负荷和间歇时间，确保机体的有效恢复，这有利于下一步的训练。

3. 循环训练法

循环训练法，是指在训练过程中，按照设置点位的形式，依据一定的路线、顺序逐个完成每站训练任务的训练方法。循环训练法在结构上包括每站练习的内容和负荷；站与站之间的顺序、间歇；组与组之间的间歇；站点总数以及循环组数。

循环训练法对整个训练结构要素有较为严格的要求，不仅规定了训练内容、强度、持续时间、间歇时间等，还要求按照给定的顺序依次完成训练任务。此外，循环训练中平均每个站点的负荷相对较小，但总的负荷非常大，对练习者的心肺功能有较高要求。

在运动训练中采用循环训练法，设置多个点位，如上肢力量练习、各种步法练习，通过安排一系列站点与内容，充分满足运动需求，这对于提高运动训练效果具有重要意义和作用。

采用循环训练法可以激励人们克服困难、挑战自我、超越自我，由于这种训练方法练习内容丰富，总的负荷要求高，因此可以使训练对象在训练时提高对自己的定位水平。

采用循环训练法还可以预防人们在训练中产生枯燥乏味的消极情绪，多样化的运动训练可以促使每个人更好地坚持运动。

4. 变换训练法

在运动训练中，促进个体良好训练适应的一个重要因素是恰到好处的训练变化。一般来说，当人们进入新一轮训练，准备完成新的训练任务时，刚开始训练效果会很明显，运动水平会得到快速提升。但训练一段时间后，如果训练计划和负荷依然保持原状，那么运动水平提升的速度就会减慢。有时单调式的过度训练就是因为训练中缺乏变化。如果训练刺激长期不变，人的运动热情就会慢慢减退，运动效果也不会很明显。

运动训练的单调性可以采取周期训练的方式来克服，周期训练也能够使人的生理适应得到本质上的增强。保持单一重复的训练计划和不断变化训练计划都是不可取的，周期训练是一种折中手段在周期训练中，训练变化必不可少，对训练负荷和训练内容的适度调整与改变能够使人们在训练中达到最佳训练适应状态。

要提高运动训练的质量和效果，需要在训练时对训练内容、训练形式以及训练负荷等进行变换调整，通过变换与调整训练形式，能够激发人的运动训练兴趣，促进良好训练效应的产生。通过变换与调整训练内容，能够促进身体素质的全面发展和运动能力的提升。通过改变与调整训练负荷，能够使机体适应不同负荷带来的刺激，促进机体组织系统功能的改善。

为了提高变换训练法的适用性，需要根据运动训练的目的而灵活改变训练因素，除了改变训练形式、训练内容和训练负荷外，还能改变训练时间。总之，变换训练法对吸引人们积极参与运动训练具有重要的意义和作用。

5. 游戏训练法

游戏训练法是以游戏方式进行训练的方法，该方法有明确的游戏规则，要求人们在规则范围内进行主动性和创造性的活动，完成游戏任务，达到预期目标。这一训练方法有较强的趣味性，能在一定程度上吸引人的注意力，激发更多人参与运动训练的兴趣。

游戏训练法是在游戏环境下实施的，游戏环境是不断发展和变化的，游戏者在遵守游戏规则的同时需要在不同的环境下灵活应变，将自己的能动性和创造性充分发挥出来。运动训练中可以采用多种多样的游戏内容与形式，不同体能水平、运动水平的人都可以找到适合自己的游戏训练方法，针对不同的运动训练内容也能灵活设计游戏训练方式，可见游戏训练法的应用非常灵活。

在运动训练中设计与选择游戏，要参考训练任务、训练目的、训练对象的特点以及训练内容等诸多因素，要有针对性地设计与选用游戏，提高游戏训练的科学性。

6. 比赛训练法

比赛训练法，是指在通过各种比赛方式（身体素质比赛、游戏性比赛、训练性比赛、适应性比赛、测验性比赛等）组织训练的方法。该方法能有效提高人们的身体素质和运动能力。

在运动训练中运用比赛训练法需注意以下两点：

（1）在恰当的时机组织比赛，明确比赛规则；

（2）在比赛中结合具体实际安排适宜负荷。

7. 综合训练法

在运动训练中，根据训练目标、任务和需要，把上述各种训练方法组合起来设计训练方案并实施该方案的方法就是综合训练法。综合训练方法能全面提高人的身体素质，增强人的运动技能，且不易过早出现疲劳。需要注意的是，运动训练中并非采用的训练方法越多，训练效果越好，而要根据训练任务、训练目的、训练内容、训练环境与条件及训练对象的自身条件，选择几种训练方法组合搭配，充分运用不同方法的优势来达到最佳运动效果。

二、运动者健康管理

（一）运动者健康管理的意义

参加运动训练有风险，易受伤，因此必须加强对运动参与者的健康管理，其意义主要表现在以下两个方面。

1. 提高运动水平

运动者的体质状况直接影响其运动水平。身体健康是保持和发挥运动能力的前提条件。在运动训练管理中引入健康管理，对运动者的健康状况进行实时监测，采用多种科学有效的方式处理健康问题，能够增强运动者的体质，降低发生运动伤害的概率，为运动者保持良好运动水平打好基础。

随着现代信息技术的不断发展，采用计算机技术手段对运动者进行智能健康管理，有助于提高管理效率。比如，围绕运动者健康管理建立专门的计算机网络系统，在该平台录入每个运动者的健康状况，并定时更新，分析系统中的动态数据，在线诊断运动者的健康状况，了解其伤病史，从运动者的实际健康状况出发进行动态模拟管理，制订符合运动者整体健康水平的训练计划，合理安排运动量和运动强度，从而保证运动者在健康的状态下通过长期系统的运动训练而不断提高健康水平和运动能力。

2. 降低伤病发生率

在运动训练中，运动者常常因为安全意识低、运动场地器材不合格、准备活动不充分、动作错误等原因而发生运动损伤，严重的运动伤害可能会导致运动者无法正常生活。为避免出现这种情况，需要加强对运动者的健康管理，全面监测、分析和评估运动者的健康状况，针对不同运动者的不同身体状况制订健康管理计划和运动训练计划，尽可能预防运动伤病，保障运动者的健康。

（二）运动者健康管理的内容

1. 建立电子健康档案

很多运动者并不是很了解自身的身体状况和伤病恢复状况。而运动指导者也只能通过有限的途径了解运动者的健康状况，如与运动者的面对面交流、实行体质测试、从医护人员那里获得信息等。对此，有必要为运动者建立电子健康档案，这是运动者健康管理信息平台的一个重要功能，能够存储运动者的健康信息，并为他人查询运动者的健康信息提供便利。

运动者健康信息的档案主要有纸质档案和电子媒介档案两种类型，这是根据存储介质的不同进行的划分，这两种都属于健康档案，都记录着运动者的健康信息、健康动态变化情况以及医疗检查结果、卫生服务记录。纸质档案是传统意义上的健康档案，运动者的健康相关资料、既往病史等重要健康信息都记录在案，但纸质档案不方便存储和携带，查看信息也比较烦琐，而且很多信息的更新速度都比较慢。而依托现代计算机技术建立的电子健康档案弥补了传统纸质档案的缺陷，所记录的运动者个体健康信息更加全面，而且更新快，便于查看，能够为工作人员综合处理各种信息提供便利。鉴于电子健康档案的这些优势，用电子健康档案代替传统纸质档案是非常必要的。

2. 进行健康检查

常规健康检查是从事任何职业的人都应该做的。运动者除了要定期做常规体检外，还要在参加体育赛事之前和运动伤病恢复之后做必要的健康检查，这两种情况下的健康检查对运动者来说非常重要。

（1）赛事前的健康检查。运动者在参加体育比赛前，一般主办方都要求参赛者做健康检查，以对其身体状况有详细的了解，判断其身体状况是否符合参赛条件。赛前健康检查常常与运动能力检查分不开，同时也会对运动者其他方面的健康状况进行综合评价，如心理状况等。

（2）伤病恢复后的健康检查。运动者在发生运动伤病后，经过科学的治疗，会有较好的恢复效果。但也要注意定期复查，了解恢复程度，综合评估当前健康状态适合参与什么程度的运动，禁止运动者在伤病还未完全恢复时就参加大强度训练或比赛，否则会加重病情或再次受伤，这样恢复周期将更长，不利于参加之后的运动。

3. 评估健康危险因素

关于健康危险因素的评估，国外已经建立了比较成熟的系统，即健康风险评估系统——Health Risk Assessment，简称 HRA。该系统主要分析以下四大问题。

第一，分析综合健康。

第二，评估健康年龄。

第三，分析心理压力。

第四，分析危险性疾病。

在运动者健康危险因素评估中可以引进国外的健康风险评估系统，进行系统全面的健康风险评估。在评估中，对运动者健康有重要影响的因素是主要评估对象，通过评估这些因素，可以为制订与实施运动者健康干预计划提供客观依据。

具体而言，运动者健康危险因素的评估主要从以下几个方面展开。

（1）评估遗传病史。这方面的评估主要是了解运动者的家族遗传病史，清楚其家族是否有对体质健康有重大影响的遗传病。

（2）评估运动现场伤情。运动者如果是在训练或比赛现场受伤，那么他受伤后是否还能够继续参加练习或比赛，这是需要重点评估的内容之一。在这方面的评估中以运动者的主观感觉作为主要判断依据，然后再结合训练或比赛中的负荷水平、运动者的受伤部位等进行综合判断，为运动者是否继续练习提供建议，并提醒运动者如果继续练习或比赛，需要注意的事项。

（3）评估伤病后健康状况。运动者发生运动伤病后，需要结合运动者伤病史、医学检验结果以及运动者主观感觉等综合判断其健康状况，如果发生重大伤病，需要综合判断其今后是否还有可能继续运动。

4. 实行健康干预管理

在经过前三个环节的健康管理之后，就要根据运动者的健康状况制订干预计划，实行健康干预管理。运动者健康干预管理的主要形式如图 2-5 所示。

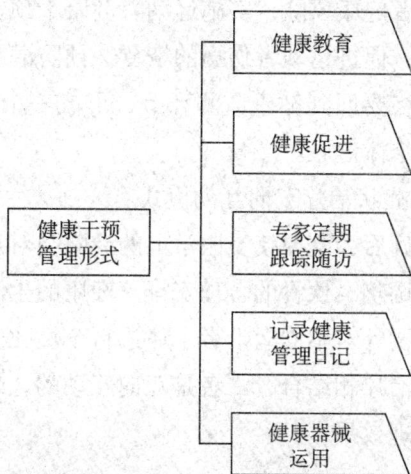

图 2-5　健康干预管理的形式

在运动者健康干预管理中，往往将健康管理与伤病恢复相结合，伤病恢复主要采取医疗手段、营养手段、休闲手段和康复性运动手段，健康管理主要是在伤病恢复的基础上，加入运动训练手段。在运动训练过程中应密切关注运动者的健康状况，如疲劳、情绪等，及时发现不良反应，并第一时间进行积极的干预，防止不良反应恶化。

（三）运动者健康管理的策略

对运动者进行健康管理有助于促进运动者健康水平的提高，预防运动伤病的发生，这对运动者而言具有重要意义。为充分发挥健康管理的重要作用，可以采取以下几种策略。

1. 建立健康管理信息平台

现代健康管理的实施要以数字化信息管理系统为平台，将现代信息技术和医学监测结合起来，这是现代健康管理与传统意义上医学健康管理的一个主要区别。面向运动者建立健康信息管理平台时，要注意将运动者健康电子档案的建立、健康干预信息的整合以及常规医学干预措施的实施相结合，从而实时观察与动态监控运动者的健康状况。健康信息管理平台也可供运动者、指导者随时随地浏览，随时掌握运动者个体的健康状况。

2. 构建动态管理模式

在运动者健康管理的传统模式中，医学监测是必需的，疾病诊治是随着伤病情况的突发而进行的。与传统健康管理模式不同，现代健康管理强调动态性，要基于已有的运动者健康信息管理平台，通过查看运动者电子健康档案、监测运动者健康状况、评估运动者健康风险、实施运动者健康干预，构建完整的健康管理流程，通过完整的管理，促进运动者伤病的恢复、预防潜在伤病的蔓延以及保持健康状态。健康干预最终要回到健康监测环节，形成一个动态监控的循环系统，从而随时保障运动者的个体健康。

3. 构建病因治疗和症状治疗双向互动模式

运动者发生运动伤病后，既要接受医学上的诊断与对症治疗，又要接受运动督导，包括训练计划的调整、饮食的合理安排、健康的生活习惯以及安排专门的恢复性训练。这些都需要针对不同运动者个体进行个性化安排。一般而言，运动督导要与医学上的症状治疗相结合，二者是双向互动的，二者同时发挥作用往往能够取得更好的健康管理效果。

第三章

警察体能训练与健康管理概论

对于警察，在进行体能训练以及健康管理时，会与普通人或者运动员有所不同，这就需要根据警察的特殊工作性质以及实际工作需要，进行专门的设计。本章将对警察体能训练和警察健康管理理论以及相关现状展开详细论述，包括警察体能的理论内涵、警察行业健康管理现状、警察体能训练现状与改进。

第一节　警察体能的理论内涵

警察体能是一项用于衡量警察体质、健康水平、运动水平的重要指标。基于体能的概念，警察体能的含义可以理解为警察在其先天条件的基础上，经过后天的科学训练而形成的身体体能系统，这一系统包括身体形态、身体机能、身体素质、智力、心理、适应能力、健康状况等，由此可见，警察体能是一个复杂的、相对稳定的自组织系统。

一、警察体能的概念

警察体能是为了满足其基本活动能力、健康素质、运动素质和职业技能而表现出来的一种综合的运动能力。警察体能与普通体能的差异在于，警察体能可以支持警察职业完成技能。警察体能是一种综合的人体运动能力，也是衡量警察体质强弱与否的重要指标，是每一名警察在职业生涯中需要持续发展或者长期保持的一种身体能力，同时也是保障执法安全的基础。

简而言之，警察体能的概念包含以下三个层次的内涵：

（1）警察体能是先天遗传和后天训练的结果；

（2）警察体能是警察的身体形态、生理机能以及身体素质等综合的表现；

（3）警察体能是一种身体有形能力和无形能力的内稳态自组织结合体。

更为具体地说，警察体能是指警察在日常工作中所必需的身体活动能力。比如，能够应对长时间、高强度、短间歇的大负荷工作，最大限度地动员机体各器官和系统的机能才能完成其工作任务。良好体能也是保障警察在与犯罪分子较量时保护自身人身安全的一种基本条件，只有在体能上超过对手，才能在僵持和较量中取得优势并最终掌握主动权。因此，体能训练是警察实战技能和警务战术实施的基础，直接影响警察执法的效果。

二、警察体能的组成

（一）警察身体形态

1. 体格

对警察体格的评价一般包含以下几项常规指标：体重、身高、胸围等。和普通人相比，警察的体格形态要更加魁梧、高大、强壮，这是增强警务实战能力、保障执法案例的基本身体条件。

2. 身体成分

身体成分，是指肌肉、脂肪、骨骼和其他身体组织的相对百分比。警察的身体应该比常人更加健康或者健壮，尤其对体脂比例的要求较高。因为肥胖不仅仅是危害健康的主要因素，也是影响警察体能表现的重要因素之一。如果一名警察体脂过高，甚至有肥胖的迹象，那么其很难再从事高强度的对抗性活动，或者如果参与具有一定风险的出警任务时，也会对其身体甚至生命安全带来一定的威胁。

因此，一般而言对警察的身体成分的检测标准要高于常人，这对维持他们的健康状况和体能水平至关重要。

（二）警察身体机能

1. 血管适应力

人的心脏、血管、血液和呼吸系统向肌肉供应养料特别是氧气，以保持肌肉持续工作。强健的警察能够坚持相对长时间的身体活动并且不会产生不适。心血管适应力是衡量一个警察体能状况的重要机能指标。其诊断与评价常用指标是肺活量、台阶试验、联合机能试验、布兰奇心功能指数、最大吸氧量测定等。警察在执行任务时，有时需要较长时间的有氧运动，有时又要快速切换到适用爆发力的行动，只有具有优秀的体能条件才能自如应对各种场景。

2. 神经系统的反应速度

神经的反应速度也称为反应时，是指人受到刺激至出现反应所需要的时间。

反应快即反应时短。比如赛车手或者短跑运动员，他们就需要具有较高的反应时水平，这样在听到指令枪响时，能以最快的速度投入比赛，从而获得比赛的优势。对于警察来说，对突发事件的快速反应，并迅速完成部署和任务是很重要的。甚至，在抓捕和控制犯罪嫌疑人时，优秀的反应时是保障其人身生命安全的重要条件。在进行体能训练时，对警察神经系统的反应速度诊断与评价，最常采用的指标是简单反应时和选择反应时两种。

（三）警察运动素质

1. 力量素质

力量是人体对抗外力或举起重物的能力。健壮的警察能够从事对抗外力的工作或运动，其诊断与评价常用指标是握力、臂力、核心力量、背肌力、腿力等。警察的力量训练是体能训练中的重点内容，也是需要进行长期训练的基本内容。

2. 耐力素质

警察在执行任务时，有时会在非常艰苦的环境条件下持续工作，这不仅对警察的意志品质具有较高的要求，对其心肺耐力和肌肉耐力而言，也同样是一种超出常人的考验。要想获得这样的能力，必须在日常的体能训练中加强对警察的耐力训练。警察的耐力训练更多的是有氧耐力和混合耐力训练，而无氧耐力则在实践中运用较少，但是遵循全面训练原则，也应该进行适当的无氧耐力训练，不能因为用得少就不训练，这会破坏机体体能系统的整体发展。

心肺耐力是衡量一名警察体能状况的重要机能指标和素质指标，也是耐力训练的核心内容。其诊断与评价常用指标是 800~3000 米跑、9~12 分钟跑。

肌肉耐力是人体肌肉持续收缩运动的能力。肌肉耐力强的警察，能够坚持长时间的身体运动而不会产生强烈的疲劳感。诊断与评价肌肉耐力的常用指标是俯卧撑、屈臂悬垂、引体向上、1 分钟仰卧起坐等。

3. 速度素质

速度是人在短时间内完成动作的能力。这是一项重要的运动素质，对普通人也许意义不大，但对警察来说，却非比寻常。其诊断与测试时常用指标是 30~100 米跑、30 秒跳绳。

4. 柔韧性

柔韧性是指人体各关节活动的幅度和范围，是人体关节在适宜范围内最大限度活动的能力。影响柔韧性的主要因素是关节面、关节周围组织、韧带、肌腱和肌肉的伸展性及肌群间的协调能力。而柔韧性训练或锻炼的主要目的是改善关节周围组织的伸展性和肌肉间的协调性，关节本身的先天形态并无重要影响。

柔韧素质对于警察而言，是提高格斗、攀登、爬越等技能的一个重要因素，可以使他们在工作和运动中达到关节活动的最大范围。但是，由于柔韧素质的提高受到年龄的限制，一般需要在青少年时期加强训练才能有显著的提升和加强。而警察已经进入青年期，因此，对柔韧素质的训练主要是在现有基础上，尽量提升肌肉和关节的活动范围。对柔韧素质的诊断与评价，通常可以采用坐位体前屈、立位体前屈、劈叉试验、俯卧背伸、"造桥"测验、旋肩测验等方式。

5. 爆发力

爆发力是人将积蓄的身体能量快速转变为力的能力。特指肌肉紧张或收缩时表现出的机能能力。不同警种的警察，对爆发力的要求差异很大。比如，巡特警对爆发力具有非常高的要求，而普通民警、交通民警等则对爆发力较为特殊的要求。

其诊断与评价常用指标是立定跳远、纵跳摸高、立定三级跳远等。

6. 灵敏性

灵敏性是一种能迅速且精准地完成动作的能力。如果在体能训练中能够提升警察的灵敏性，那么对其动作完成情况、动作效果以及身体和生命的安全等都具有重要的意义。对灵敏性的诊断与评价，通常是以4×10米往返跑的方法进行测试。

7. 协调性

身体的协调性是机体整体运动素质和机能的体现，身体素质较好，协调性一般也有较好的水平。同理，如果提升身体的协调能力，也能从整体上提升身体各项运动素质的水平。优秀的协调性可以更加平稳、准确和有序地完成技术动作，从而提升整体动作质量。因此，协调性虽然不是警察体能训练的重点内容，但是提升协调性则意味着对整体运动能力的提高，那么在日常训练中也应投入一定时间的训练。

诊断与评价协调性的常用指标是右回旋跑、10米变向折返跑等，另外，4×10米往返跑、立卧撑也可反映相对的协调性。

8. 平衡性

平衡性是人在静止或运动状态中维持身体平衡的能力。平衡能力也是警察综合体能素质的一个体现，在体能训练中应与其他素质相结合进行训练。其诊断与评价常用指标是闭眼单脚站立、单腿转头站立、纵向踩木平衡、小荡板平衡测试、大荡板位移平衡测试。

三、警察体能训练的特点

（一）对抗性

对抗性是警察体能最重要的一个特点，是警察体能区别于竞技体能与普通人群体能训练的重点。尽管警务技战术与散打、搏击等对抗性项目有相似的地方，都是通过强大的体能、各种运动技巧制服对手的过程。但是，警察的对抗性活动中充满凶险的未知性，而竞技比赛的对抗性是在一定的安全范围要求下进行的，运动员之间的竞争再激烈，也会保障自身和对手的人身安全。而警察在警务执法工作中，面对的可能是凶残的犯罪嫌疑人，他们之间的搏斗有时是你死我活式的搏斗。因此，警察在每一次的对抗中都必须尽最大的努力整合和利用爆发力、速度、柔韧等素质，使自身在警务实战过程中保持身体优势，快速控制犯罪嫌疑人，完成抓捕任务。要实现这一目标，就需要在平时的体能训练中，加强对各种运动素质的提升，进而提升警察在警务实战过程中的对抗能力、作战能力，更好保障自身人身安全。

（二）可控性

这里所说的可控性主要是警察执法过程中要依法依规行事，是在维护社会秩序和自身安全的同时，也要保障犯罪嫌疑人的合法权益。虽然各项警务技能和战术对警察体能依赖性较强，但是针对警察实战过程的特点而言，还会要求他们具有适度控制武力的能力，以免过度伤害犯罪嫌疑人。在这种情况下，就需要警察对用力具有非常高的控制能力，包括对爆发力的发力、对关节的控制感，以及在与对手较量中及时感知对手的发力情况和抗击打情况等，这些能力都需要经历丰富的实战训练才能获得。

总之，可控性是针对警察在警务实战中的高强度、对抗性行动过程中提出的一种非常高的能力要求，其主要目的就是不过度伤害犯罪嫌疑人，在执法过程中，也在一定程度上保障犯罪嫌疑人的合法权益和人身安全。

（三）规范性

警察在执行任务时要遵循一定的规范，因此，警察体能训练过程中要求根据人体生理和机能特点，对各项运动素质（包括力量、耐力、速度、灵敏和柔韧性等）进行全面系统和规范的训练。我国《公安机关人民警察训练条令》明确规定了警察体能的训练时长和相关规范，要求"对警务技能和体能训练课程不少于集中训练课程的30%"，并规范相关训练内容及装备要求等。同时，警察休能规范训练手段，根据不同警种和年龄阶段分类分层进行训练，明确训练要求和考核标准，以克服警察体能训练过程中的随意性。

而在实际的警务执法过程中，不论是在对犯罪嫌疑人的抓捕、控制、带离等哪个环节，都需要规范操作，适当避免或减少警察在警务实战过程中免受伤害的风险，从而在一定程度上保护警察的自身安全。

四、警察体能训练的原则

由于警察工作性质的特殊性，以及警察群体基本上都是已经完成身体发育的成年人，因此，警察的体能训练与竞技运动员的体能训练、普通人的体能训练存在着以下区别。

第一，在训练目标方面：普通人的体能训练是为了提高身体健康水平，塑造体形，或者在一定程度上提升其运动技能；运动员的体能训练是以发展身体机能潜力并为最大限度地提升运动技能做准备；警察进行体能训练，其目的是对其各个器官和机能系统的再塑造，从而对其身体机能结构、适应能力、心理品质等进行综合的提高。根据公安工作和警察实战的要求，警察体能训练应当努力达到最高限，才能提升其警务水平和效率。

第二，在训练内容和方法方面：普通人的体能训练通常是通过快走、跑步、或参加篮球、羽毛球等运动项目进行锻炼或保持体能状态；运动员的体能训练是根据其运动项目特点进行专门的体能训练，通常辅以专业的器材或先进的训练手段；警察体能训练由于其警务实战的需要，训练内容除了短距离快速跑（50米）、1000米（女子800米）跑、折返跑、引体向上等项目外，还包括水上救生、障碍跑、攀爬速降等具有警务实战特色的项目，训练中通常要结合枪械、武器，或者借助专门的警用设备进行训练，训练手段突出警务特色和行业特点。

（一）持之以恒训练原则

1. 概念

持之以恒训练原则，是指警察或学警在教官的科学指导下，主动进行长期、稳定的体能训练，这样不仅能够不断增强机体的各项体能素质，还能有效提升系统的协调水平，应对情况复杂且艰苦的各种警情都游刃有余。之所以要坚持持之以恒原则，是因为人体的体能增长，是一个长期的过程，需要在一个相当长的时间里持续进行，各项运动素质才能逐渐发生变化，才能达到训练的目的。而且，这一过程还需要科学设计、合理安排，要随着训练的进展而不断调整训练方法、训练内容以及训练强度，在这样一个复杂的训练系统下，警察（学警）的身体形态、生理、生化机能和心理素质会逐步产生一系列的适应性，发生良性变化。

在警察训练过程中，需要经历由不适应到适应、由低难度到高难度、由不能到能的发展、积累和变化的过程，而其中的关键因素就是要长期坚持，只有持之以恒才能看到效果。由此可见，持之以恒是警察体能训练的重要原则。

2. 理论依据

（1）人体机能适应的长期性。持之以恒的体能训练是让人体体能长期保持在一个较好状态的先决条件。警察的工作性质决定了对体能素质具有较高的要求，因此警察的体能训练必须长期、不间断进行才能有效，才能获得较好的综合能力表现。

体能训练的过程，也是人体机能适应新的要求的过程。而真正的适应，是让身体的各个组织和机能，在新的训练强度和训练标准下自如地发挥，这是体能训练要持之以恒的根本所在。警察的体能训练包括力量、速度、耐力、爆发力、灵敏度等各种基本身体素质，以及一些重要的心理素质能力，这些能力都需要时间逐渐提升。

（2）警务技能衰减的特点。运动技术一旦形成动力定型，就会保持很长时间，即使不再频繁练习，也能保持在一定的水平之上，这是因为在动力定型之后，其空间特征就相对固定，这也是人们常说的肌肉记忆。但是，这种"记忆"也会逐渐衰减，具体地说就是时间特征和力量因素会不知不觉地衰减，比如速度会一点点地变慢，力量会一点点地变小等。

换句话说，如果不能长期保持一定负荷的刺激，那么尽管动作记忆会保存，但是其对抗强度在逐渐变弱。因此，警察若要保持体能和技能，必须进行系统的、长期的训练。

（二）一般素质和警务专项素质训练相结合原则

1. 概念

一般素质和警务专项素质训练相结合原则，是指警察在体能训练过程中要时刻记得结合自身警种的特点，以及自身的机能状态作为训练的中心，有针对性地进行训练，从而才能获得更有效的训练结果。

一般素质训练是指发展基本体能素质的训练，以提升人体的综合体能素质水平为目标，使人体的运动素质和身体素质得到全面的加强，但是不对标具体的能力目标。而结合警种特征进行有重点、有选择的警务专项素质训练，对警务实战执法过程则更具实际意义。

2. 理论依据

（1）有机体是一个复杂的系统，其中又包含多个子系统，各个子系统之间具有相互影响、相互促进和制约的关系。生理学的研究表明，人体的各器官系统相对独立，只有紧密配合才能完成人体所需的一系列活动。全面系统的训练对于警察体能素质的全面发展尤为重要。因此，要将一般素质训练和警务专项素质训练科学结合，有效实施，争取获得最为理想的训练效果。

（2）满足警察职业对专项体能的要求。警察警种不同，警务工作的需要和风险也不同，因此在进行体能训练时的侧重点也不尽相同。不同专项技能训练会使不同肌群或器官负担不同的负荷刺激，促使机体发展和改变有一定差异，因此，这些都需要在一定训练目标的指导下进行。

警察的专项体能需要决定了训练的重点，但是需要指出的是，各项身体素质不是孤立存在的，它们需要在一定条件下形成相互影响和相互促进的关系，才能获得最佳的训练效果。

比如，一般体能训练能够全面提升身体运动能力，而专项训练会着重某一局部加以刺激，增加局部负担和中枢神经的疲劳，从而达到提升专项体能素质的目的。

（三）从实战出发、战训一致原则

对警察的体能训练一定要从实战出发、战训一致，甚至训练的标准、要求和强度要高于实战的要求。只有这样，才能培养出具有警务实际作战能力的警察，才能尽最大努力保障警察在执法期间的生命安全。

警察的体能训练绝不能是为了训练而训练，将训练程序化、表面化是不负责任的表现。从实战出发、战训一致的原则就是要求要实打实地进行训练，将每一次训练都像警务实战一样对待，真正实现警务实战化训练。

1. 概念

从实战出发、战训一致原则，是指在体能训练中，要将警察体能训练作为一次警务实战执法过程，而在实战中是没有试错机会的，每一次出击必须成功，每一次的判断都可能会付出相应代价，因此必须突出实战化训练特点，以高标准、严要求开展警察的体能训练，为他们打下扎实的身体基础，从而增强警务实战能力。

2. 理论依据

（1）状态决定学习效果。有研究发现，个体的临场表现是由其学习时的情境和状态所决定的，即个体在学习时是什么样的情境，自身处于什么样的状态，那么在相似的条件下个体才能充分展现出自己的学习成果。若将这一研究引入警察的体能训练，为了能够在真实的警务实战任务中取胜，平时的训练就要在极其类似的情境下进行，因此，从实战出发、战训一致原则是具有科学依据的。

（2）核心力量是对抗的根本。人体的核心力量对身体的日常起居、工作、运动乃至超强度的训练都具有根本性的作用。人体的核心力量是指包括腰椎、骨盆和髋关节周围的几个主要肌群，它保护着人体的主要脏器区域，还负责支撑身体的一切活动，以及维持身体的平衡。核心力量训练突出核心稳定性特点，注重核心区域与四肢的结合，不仅可以稳定身体重心、预防自身损伤，也可突出实战中的直接发力、迅猛制敌的特点。

警用技能中有很大一部分都类似于对抗项目，这些技能需要大量调用核心力量，如警务实战中的突然发力、快速位移以及瞬间转向等。为了突出简化实用的特点，体现"一招擒敌、一举制胜"的优势，确保自身稳定性进而实现安全执法，必须从实战出发加强对警察核心力量的训练。

第二节　警察健康管理现状

一、警察行业健康管理的意义

（一）构建和谐社会的必然选择

警察系统是保障国家社会有序运行、构建和谐社会的重要力量。因此，作为警察个人而言，努力加强自身的身心健康不仅是对个人负责，也是对国家和社会履行重要的责任，是构建和谐社会的组成部分。加强对警察行业的健康管理，能够间接地为国家建设和社会发展营造一个良好有序、和谐稳定的生产和生活环境，从长远来看也是促进中国式现代化、促进社会高质量发展的必然选择。

（二）人性化管理的重要内容

随着社会的发展、文明的进步，推行人性化管理是完成社会主义现代化建设的组成部分，在警察系统内加强健康管理也是人性化管理的内容之一。无论是哪个警种，工作都承担着相应领域重要的社会责任，有时还伴随着较高的执法风险。因此，对警察行业加强健康管理也是十分必要的，健康强壮的身体是长时间应对高压力、高风险工作的基本前提，是保障我国警察系统发挥强有力的社会职能的重要保障。

为了促进警察工作更加有效、顺利的开展，应该不断加强对民警身心健康的管理，使用更加人性化、科学化的现代化管理理念和方式，推动我国警力资源不断强大，从而为警察的身心健康、国家的社会稳定发展奠定基础。

（三）保持和提升警务实战能力的需要

由于警察职业的特殊性和风险性，人民警察在工作生活中精神和身体长时间处于紧张状态，容易出现身心过劳的情况。同时，一些基层民警缺少对身体的健康管理和监控，导致身体出现各种健康问题，以致产生不必要的警力损耗。

为了保持和提升警务实战能力，促进警力的再生和恢复，警察职业要加强健康管理，强化"以人为本"理念，保障和维护民警健康科学地恢复和涵养警力，注重科学调配警力，同时对警察的身心健康进行跟踪式管理，进而把国家对警察队伍"暖警惠警"的政策落到实地。

二、我国警察行业健康管理的开展情况

我国警察健康管理由于受到地区、民族等不同因素的影响，各个地区存在一定差异，但是通过调研可以发现，对警察健康管理的工作基本是从以下几个方面开展的。

（一）成立专门的管理机构

在这方面北京市公安局为全国作出了表率，率先成立"民警健康管理委员会"，从而有效地整合了民警健康管理的相关资源，对民警的健康、工作以及生活等进行了全方位的统筹协调，为民警队伍的健康水平提供保障。这一举措在全国也引起较好的反响，对警察健康管理工作起到一定的示范和引领作用。

（二）建立健康生活方式基金会

我国香港地区受到商业文明发达的影响，善于采取更加符合当地社会情况的方式，比如，香港成立了专门的警察健康管理基金会。通过政府和社会的共同努力，为香港警队的健康管理提供了一定的经费保障，为组织警察的健康活动提供了有力的支持。从提供健康服务的角度出发，基金会为香港警察的健康、生活方式和居住条件等分别作出一定的改善，并总结了许多宝贵的经验，可以供全国其他城市借鉴。

（三）完善三个工作机制

通过完善休假及健康体检制度、实施警察健康危机干预机制、建立健康知识普及的常态机制，从而对警察的健康知识、休假、体检、健康危机干预等进行全方位的设置，方便今后对警察队伍的健康发展进行更有针对性的管理，如果出现疾病也能及时发现和救治，避免了在中间沟通环节耽误救治的宝贵时间。

（四）推广健康的生活方式

健康的生活方式是促进健康水平的重要因素，因此通过全面地推广健康的生活方式，引导警察建立健康、节约、适合于家庭的生活方式，从饮食文化到膳食搭配等，从每日起居抓起，积极促进警察的健康管理的推行。

（五）建立网上健康管理平台

通过搭建一个互联网健康管理平台，将系统内所有警察的健康信息都收集在一起，通过数据管理和分析，为进行科学的健康管理创造条件。有了健康管理平台，可以便于专业人员定期对警察的健康状况进行分析、评估，从而能够帮助警察准确地掌握自身的健康状况，并有针对性地加以锻炼和调理；对于身体出现的早期症状，也能及时发现和治疗。

总之，建立健康管理平台能够更加科学、有效地对警察的健康水平进行管理，为提升我国警察群体的健康水平打好基础。

三、警察行业健康面临的主要问题

（一）工作劳累、积劳成疾

在快速发展时期，我国社会能够始终保持着一定的良好秩序，这不仅是因为党和政府施政有方，而且也与警察系统高效的工作有关。但这难以避免带来的后果就是，警察工作压力巨大，长期生活不规律，作息时间紊乱，因此警察队伍中普遍存在工作劳累、积劳成疾的问题。

由于特殊的工作性质，警察无法像普通人那样安排自己的生活和工作。因为难以预料何时会有紧急任务，随时准备执行警务活动、奔赴实战现场。无论是精神方面，还是身体方面，许多警察在身体上都会存在一定的问题。这是警察健康管理的难以逾越的障碍。

（二）生活作息常年不规律

保持作息规律是健康管理的基本前提，然而大多数警察都无法做到这一点。再加上饮食时间不定，饥一顿、饱一顿也是常有的事。有时候任务紧急顾不上吃饭就要出警，等到任务结束后人困马乏只想睡觉也吃不下饭了。因此，警察的职业特点决定了他们生活作息和饮食节奏难以规律，也更无法保证三餐的膳食营养科学搭配。长期下来，警察的身体健康受到不同程度的损害。

再加上有些警察健康意识薄弱，平时喜欢抽烟、饮酒，压力大的时候还会经常熬夜，久而久之这些不良的生活方式引发肥胖、高脂血症、高血压、高尿酸血症、血糖增高等疾病。这些都成为警察行业健康管理的现实障碍。

四、警察行业健康管理存在的问题

（一）政策体系不够健全

警察行业健康管理中的问题很多，其中政策体系不够健全是健康管理的根本性问题。要想全面改善警察行业的健康管理，首先需要政策上加以支持，比如针对警察的医疗保障、休假制度以及常规的健康体检等，都应纳入法规政策并给予明确的规定，从而使健康管理的执行工作有章可循、有法可依。

另外，在政策体系的建设中，还应注意把工作落实到位。比如，一些地区的警察尽管有定期的体检安排，但是体检之后没有任何信息解读的工作，对于大多数非医学背景的人而言，难以全面地、准确地理解体检报告。也就是说，体检对于那些没有严重病症的警察而言没有发挥出应有的作用。因此，有关部门应进一步落实体检后的报告解读和后续跟踪管理工作。再如警察休假制度问题，很多地区由于警力不足，难以真正把警察的休假制度落到实处。

（二）健康管理经费不足

健康管理工作是烦琐的，如果没有足够的经费支持则很难做到位。由于对警察健康管理的认知一直不够充分，因此在经费上没有给予足够的支持。这就导致警察的健康管理的情况差异较大，有些经济发达地区做得较好，有些经济相对落后地区却不够理想。比如在经济发达的长江三角洲、珠江三角洲地区，地方政府和相关机构对健康管理较为重视，更愿意拿出经费建设完善的健身设施，改善单位的用餐质量和环境等，这些都是促进警察健康管理的重要因素。但在经济欠发达地区，由于地方总体经费支出有限，用到警察健康管理方面的经费更是捉襟见肘，健康管理也是止于口号。

（三）缺乏社会相关部门的支持

为全面提升警察健康管理工作水平，还需要得到社会相关部门的支持。健康管理除了与工作性质、工作强度、生活方式、饮食起居等内部因素有关之外，还需要来自外部如医疗、保健、健康管理等专业机构的帮助。通过与相关机构和组织的密切合作，为警察队伍提供全面、系统、专业的支持，能够为维护警察的身心健康织起一张有效的保障网络，通过网络内各个组织的相互配合与协调，能够给出更加具体的健康管理、风险预防、症状干预、疾病治疗等专业建议。

（四）缺少专门部门负责

除了政策和经费层面需要改善之外，在执行层面还缺乏具体实施，很多地方警察的健康管理工作一直没有专门的负责部门，没有一个专门的组织承担责任和工作，大多数都是靠行政人员兼顾传达信息和部分组织的工作，或者靠个人自觉进行健康管理，这样的情况很难令我国的警察健康管理工作有质的改变。

因此，要尽快落实责任负责制度，成立专门的部门或者小组，认真组织、协调和安排警察的健康管理工作。从定期体检、推广健康生活方式、提升食堂用餐的营养配比以及营造良好的工作环境，在闲置区域添置一定的健身器材，为警察能够享受更有质量的工作生活而提供一些便利条件等。总之，从饮食、生活习惯、工作环境等多个方面着手落实，为提升警察的身心健康作出切实的努力。

五、警察行业健康管理的几个误区

（一）健康管理不同于体育锻炼

健康管理和体育锻炼是两个完全不同的概念，有着不同的内容，但是在日常生活中常常被人们混淆。即使在警察行业中，也有不少人将健康管理等同于体育锻炼，认为只要做到经常锻炼身体，就能保证自己的健康处于较好的水平。然而，这里面有一个很大误区。特别是警察行业，有些警种如特警由于工作的需要，高强度的体育锻炼几乎成为他们生活的一部分。尽管长期、系统、科学的体育锻炼能够让他们保持健硕的身体形态，较高的体能水平，以及较强的警务技能，但是，如果没有科学的健康管理，他们的身心健康同样也会受到较大威胁。

健康管理是对身心健康的全方位引导、监督和干预，既包含身体健康，也包括精神和心理的健康，既包含饮食起居，也包括心理关照，是对个体的全方位健康水平的要求。如果不能分清楚这两个概念，就会在具体的工作实践中造成混淆，从而降低警察健康管理工作的效能。

（二）健康管理不同于自我保健

健康管理是全方位地对个体的身心健康进行引导和加强，会触及一个人在社会生活中的许多方面，既包含自我保健，如坚持健康的生活方式，规律的饮食起居，保证充足的睡眠，合理的营养搭配，杜绝熬夜吸烟过度饮酒等不良习惯，同时还要尽量做到工作的张弛有度，在紧张的工作之后，要进行积极休息等。

此外，健康管理还要依赖外部环境以及社会各个机构的支持。比如，健康监测机构、医疗机构、心理卫生机构等，通过相关机构的专业化、系统化的共同构建，才能有效保证警察行业的整体健康状况处于一个可控的、良好的、动态的发展水平。

（三）带病坚持工作不是敬业

中华民族自古具有勤奋、刻苦的精神传承，我们经常以此为傲，并将这一优良品质世代相传。然而，随着社会的发展，应该对一些传统观念进行深入的理解和剖析。有许多人由于事业心重，工作繁重，但是健康意识薄弱，经常以损失健康为代价，比如带病坚持工作，一再地延误检查和诊治时间，最终给身体带来严重的伤害。

现代人接受的教育是较为先进的、全面的，应该普遍地掌握更为科学的理念进行工作和生活。比如，我们曾经将带病工作作为一种敬业的美德去歌颂，而在当代文明背景下，应该减少这样的错误引导。尤其是在警察行业中，敬业值守不应该以损失健康为代价，要建立科学的爱岗敬业观念和良好的身心健康意识，只有爱惜自己的身体才能更好地完成工作，才是对自身、对工作真正负责的表现。

第三节　警察体能训练现状与改进

警察体能是提高公安队伍的生命力和战斗力、培养公安民警顽强意志品质的基本保障，我国各地公安机关、公安院校和警察培训机构非常重视警务实战训练，而警察体能训练就是警务实战训练的基础内容。然而，在实际的警察训练中，体能训练的地位和比重不高，系统性和科学性还有待提高，整体而言，我国警察体能训练发展并不理想，还存在较多的不足之处。本节将对目前的训练现状以及未来需要改进的方面进行深入分析。

一、警察体能训练的现状

就目前的警察体能发展现状而言，主要表现为以下几个方面的问题。这些问题也制约着我国警察体能训练的整体发展，因此需要引起一定的重视。

（一）体能专项训练课时不足

公安院校是培养警察的重要基地，也是培养预备警察的重要场所，因此在公安院校的系统训练是提高警察体能训练水平的重要契机和良好基础。然而，通过大量的实地考察和资料研究，发现我国当前的公安院校中，对警察体能训练工作仍然有所不足，其中最明显的是专项体能的针对性训练较为匮乏，尽管也设置了相应的课程，但警察体能课程通常只有大一时的一至两个学期开设，课时不足，难以贯穿整个大学生涯。且有些院校内容较为单一，缺乏系统和深入的训练理论。这样导致的后果，就是当这些学警离开学校，或者在学校的训练一旦终止，其体能状况就会出现明显的下降，这也是体能训练不够深入的表现。

（二）体能训练考核内容和方法有待改进

受到传统应试教育的影响，警察体能训练在进行考核时还会沿用一些相对落后的理念和方法，考核内容较为简单且标准较低，比如，很多地方新入职警察的考核只有纵跳摸高、4×10 米折返跑、1000 米（女子 800 米）这三个项目，且考核标准要求总体不高。这对警察体能训练的导向影响是相对负面的。

同时，在整个警察体能训练过程中，由于过于重视考试成绩，对警察学员训练过程的关注就有所欠缺。其实，体能训练是一个长期的系统工程，是在训练教官的科学指导以及学员的正确执行之下，逐渐让身体各个组织和机能发展累积性变化，达到令人满意的体能素质。而如果不对过程进行严格的管理和考核，训练的针对性和系统性就难以保障，甚至有时会在模棱两可的状况下完成训练，那就很难达到良好的训练效果。

考核方式不仅仅是对警察在一段时期的体能训练进行检验，也是对体能训练过程的督促和不断优化，从而让警察体能训练在系统的、科学的、可控的状态下完成。因此，创新当前警察体能训练理念和方式方法就迫在眉睫。

（三）忽略对警察心理素质的训练

体能训练是艰苦的，因此在体能训练中个人的心理也经历着非常大的波动和起伏，这些心理活动对体能训练同样产生着重要的影响。尤其当前作为我国警察中坚力量的"80 后""90 后"，基本上都是独生子女，他们生活在中国的和平年代下，成长在改革开放后社会经济发展迅速的时代。这些年轻一代在比较优越的环境下长大，然而绝大多数的体能训练就是人为地制造"吃苦"的环境，让他们不断走出舒适区，不断挑战自己的运动极限，这不仅是对身体的考验，更是对心理承受能力的极大挑战。如果不能及时进行心理疏导，帮助他们排解不良情绪，那么就会对体能训练产生不利影响。而且，每个人的心理承受能力不同，需要体能训练教官因人制宜，进行有差别的指导，这些对教官的综合素质也具有非常高的要求。然而，就当前的情况来看，我国警察体能训练的教官多数是体育学院毕业或部队转业再从事警察训练，或在警察队伍中选拔一些警务素质高的作为教官进行训练，他们往往具有专业的警务训练能力，但缺乏对学员进行心理辅导的技巧，很多时候忽略了对警察学员的心理素质的辅导与提升。

在警务实际执法过程中，无论是哪个警种的警察，都需要具有较好的心理素质，在面对紧急或者危险情形时，才能更为从容、专业地应对。因此，对警察的心理素质训练是不容忽视的。

（四）训练内容缺乏针对性

警察体能训练主要是针对警务执法过程中对警察身体素质的需求，而进行的具有职业特色的训练，是在人们日常体能训练的基础上发展起来的。因此，在实际的训练中，警察体能训练的内容通常针对一般体能素质的训练内容，主要用于加强和提高警察基本体能素质。然而，由于警务执法实践的需要，不同的警种需要的体能素质也不尽相同。同时，对不同年龄、岗位的警察，体能素质要求也会有一定差异。而当前对不同年龄、警种警察体能针对性训练的研究还比较有限，还不能做到因人施教，统一的训练内容有时难以满足不同警种的需求。因此，在警察体能训练时，训练内容也需要有一定的针对性。

二、警察体能训练的改进策略

面对当前警察体能训练中存在的问题，我们警务训练工作者应给予重视，从各个方面进行优化和改善，以提升我国警察队伍的整体身体素质水平，并促进警察体能的不断发展。

（一）持续优化训练内容和方法

体能训练的目的是提升警察的身体素质和运动素质，从而提升他们的工作能力和警务技能。然而，体能训练需要具有一定的针对性，因为不同的个体、不同的身体基础、不同的警种对体能发展有不同的要求。随着训练的硬件基础设施和科技水平的提升，在体能训练的科学性、系统性和针对性上也需要有新的变化和要求。因此，警察体能训练的内容、方法和手段，应该处于一个不断优化和调整的变化中，以适应当前科技发展需要、警务实战要求以及"以人为本"的科学训练理念。

（二）改进考核理念提升训练效果

科学的考核制度具有引导、督促和评价等重要作用。由于警察体能训练的考核方式的相对单一，这在很大程度上制约了我国警察体能训练的效果。因此，应积极改善我国现有警察体能训练的考核制度和方法，督促警察体能训练效果的全面提升。特别是改善对训练过程的指导和监督，从而有针对性地优化现有的不足，让考核真正能够起到引导和促进训练的作用，进而提升警察体能训练的效果。

（三）结合现代训练手段加强创新

创新是保持领先的重要因素，对于警察系统而言，他们肩负着维护社会治安和国家安全的重要使命，因此对警察的培养和训练，必然要用领先的科学技术和先进的手段进行。在对警察的体能训练方面，要与我们国家的前沿科技进行有效整合，特别是及时将有利于体能训练的方法和手段引入实践中，从而有效提升我国的警察体能训练的现有水平。

在警察体能训练过程中，各项素质和项目包括游泳救生、越野跑、攀爬、障碍跑等的训练都可适时引入科学的训练手段，如引入仿真模拟训练或科学化评价标准等，让体能、技能、战术完美结合，并可根据训练时身体反映出来的显性量化指标，选择适量的训练负荷，保障警察体能训练的科学化。

（四）注重调节训练中的心理压力

体能训练本身就需要具有坚毅的品质和强大的心理素质才能完成。而对于警察这一特殊群体，他们的体能水平不仅直接决定着其身体健康情况，而且还涉及维护社会秩序和公共安全问题。因此，除了科学实施各个警种的体能训练外，对警察的心理素质训练也是不容忽视的问题。为了更好地保证训练效果，需要在体能训练的同时，加强对警察的心理素质的建设，帮助他们调动出更为深层的动力机制，采用恰当的方式进行激励、肯定和奖励，帮助其有效克服紧张、恐惧、暴躁等负面情绪，并逐渐掌握自行调节和梳理的方法。

第四章

警察基础体能训练

　　警察群体的职业性质要求警察必须具备较强的体能基础，从而更加从容应对日常的工作需要，因此基础体能是警察体能训练的核心内容。本章将对警察体能中的力量、速度、耐力、柔韧、协调以及灵敏等各项素质的训练理论和方法展开深入研究。

第一节　力量素质训练理论与方法

一、力量素质训练理论

　　（一）力量素质的概念

　　力量素质指人体或人体某部位的肌肉在工作过程中采用收缩或舒张的方式克服内、外阻力的能力。外部阻力包括物品的重量、外部摩擦力、空气或水的阻力等。内部阻力包括机体内部肌肉的黏滞力、各肌肉之间的对抗力等。力量素质训练通常是人体努力克服外部阻力，不断提高、发展力量素质。

　　（二）力量素质的种类

　　不同的体育运动项目需要完成不同的动作，表现出不同的力量类型。球类运动员要有改变方向、急停急起、滞空及控制身体随意运动的力量；赛跑运动员要有快速向前推进的力量；跳跃运动员要有踏跳的腾空力；投掷运动员要有器械出手时的全身爆发力；摔跤、柔道运动员要有僵持力，能借力发力；游泳运动员要有手的快速划水和腿脚的快速打水、蹬水力；棋类运动员要有静坐力、脑的反应力；武术运动员要有快慢、动静结合的控制力；体操运动员要有翻转力、回环

64

力、慢起用力等。[①]

在运动训练实践中，通常按照力量训练的特征与形式对力量素质进行划分，常见的力量素质可分为以下四种。

1. 最大力量

最大力量指人体或人体某部位的肌肉在工作过程中克服最大内外阻力的能力，或肌肉群中数量最多的肌纤维在工作时发挥的最大能力。最大力量有如下具体特点：

（1）作为一个变量，最大力量因人而异，不仅受到个体遗传、年龄、性别、训练水平等多种因素的影响，还受到个体肌肉收缩的内协调力、关节角度、骨杠杆的机械效率等因素的影响。

（2）可以通过合理训练促进最大力量的增长。有两种具体方式可以实现最大力量的增长：一是改变参与运动的肌肉纤维的内部结构、机能；二是增加参与运动的肌肉纤维的数量。

（3）最大力量可用测力计、拉力器等工具进行测定，考察机体所能承受的最大重量。

2. 相对力量

相对力量指人体单位体重表现出来的最大力量值，反映最大力量与体重之间的关系。相对力量有如下具体特点。

（1）其数值大小可用力量体重指数表示，即

$$相对力量 = 最大力量/体重（单位：千克）$$

（2）一些运动项目，如体操、举重、摔跤等，十分关注相对力量的大小。以举重比赛为例，举重比赛的实质就是考察运动员相对力量的大小，因此，运动员不仅需要提升最大力量，还需要控制自身体重。

3. 速度力量

速度力量指人体在短时间内爆发出的肌肉力量，或人体在特定负荷下表现出来的最大动作速度，包括起动力、爆发力和制动力。起动力指在 0.15 秒的时间内最快发挥肌肉力量的能力；爆发力指在 0.15 秒的时间内以最大加速度克服阻力的能力；制动力指以较高加速度向相反方向运动的能力。速度力量有如下具体特点。

（1）人体肌肉的收缩速度、最大力量水平决定了速度力量的大小。速度力量的大小与速度、力量两个因素相关。

---

① 杨海平. 实用运动训练指南 ［M］. 广州：广东高等教育出版社，2013.

（2）不同运动项目对速度力量的要求不同。短跑运动员需要具备较强的爆发力；网球运动员需要具备较强的下肢制动力。

4. 力量耐力

力量耐力指人体在克服外部阻力的过程中，能够长时间使肌肉保持紧张状态，不降低工作效率的能力。根据力量耐力的不同表现形式进行划分，力量耐力可分为两种：动力性力量耐力、静力性力量耐力。动力性力量耐力又可进一步细分为两种类型：最大力量耐力（即重复发挥最大力量的能力）、快速力量耐力（即重复发挥快速力量的能力）。力量耐力有如下具体特点：

（1）神经兴奋和抑制过程的强度、灵活性、延续性，以及肌肉供能的顺畅性决定了力量耐力的大小。

（2）不同运动项目力量耐力的表现形式不同。田径、游泳、体操等运动项目均需要较强的动力性力量耐力。射击、射箭、摔跤等运动项目则需要运动员有较强的静力性力量耐力。

（三）警察力量素质训练

力量素质极大影响着人体运动，是衡量警察身体训练水平的一项重要指标。如警务技能中的抓捕技能，无论是身体扭转让嫌疑人失去平衡，还是反关节控制，是否能控制成功，关键就是警察自身移动的速度及扭转和控制的力量大小。很显然，在其他警务实践活动中也是相同的，若用较大的力量则会展现出更强的对抗性和实战能力。通过对警察体能训练实际调研，可以发现，警察力量素质训练主要从以下几个方面入手。

1. 突出速度力量训练

警察的速度力量训练，特别是爆发力训练在警务实战工作中发挥着重要的作用。例如，警察在快速起动、快速踢、拿、击、扑和制伏犯罪嫌疑人时，都要有较强的爆发力。因此，在警察体能训练的时，应提高力量素质特别是速度力量的训练比重，强化快速起动力、爆发力和制动力的训练。但需要注意的是，速度力量训练应在绝对力量整体提高的基础上进行，因为只有具备较好的绝对力量，再进行速度力量尤其是爆发力训练，才会取得更好的效果。

2. 加强最大力量训练

民警的最大力量训练是警察开展其他力量素质训练的基础。最大力量是人体或人体某部位的肌肉在运动过程中克服最大内外阻力的能力，只有提高肌肉在实际训练中克服内外阻力的能力，才能有效提高警务实战中力量素质表现的效果。因此，不论哪个警种的警察，都要进行最大力量或绝对力量的素质训练，提升肌肉的最大力量。

3. 强化上肢力量训练

在警务实战过程中，不论是抓捕、控制和防卫，还是攀爬速降、翻越障碍都离不开上肢力量包括手腕力量作基础保障。例如，警察需要具备的攀爬技能，就要求警察具有较好的上肢力量。此外，在抓捕犯罪嫌疑人的过程中，为了抓捕、控制犯罪嫌疑人，警察的上肢力量和手腕力量都非常重要，对能否成功完成抓捕任务具有重要的影响。因此，在警察体能训练的力量练习中，要强化上肢力量训练，提升相关警务技能。

二、力量素质训练方法

（一）最大力量训练方法

发展最大力量常用的手段是负重抗阻练习，它能有效地改善肌肉的内协调能力，增大肌肉体积。通常采用以下几种方法：

1. 重复训练法

重复训练法是持续不断地重复用力进行训练的一种方法，不仅能加强新陈代谢，引起工作肌群增长，从而迅速有效提高肌肉力量。重复训练法通常是在基础训练中运用较多，随着科技水平的发展和训练目标的提高，重复训练需要结合极限负重进行组合训练。

2. 强度训练法

强度训练法是大限度、短促用力的训练方法，主要是保证神经肌肉用力的高度集中与绝对肌力的发展。其特点是以较大的、亚极限重量进行优势工作，进而在训练中达到用力极限，属于中上等强度的训练负荷。

3. 极限强度训练法

极限强度训练法又称阶梯训练法，是采用非常高的强度，使每项都达到本人的最高水平，训练中各组之间通过间歇调整。不过这种训练需要对受训者的营养补充、恢复措施及康复保障提出更高要求，不适合长期使用，可结合其他方法组合使用。

在强度训练和极限强度训练中，可根据训练负荷情况，对训练次数和组数进行科学规划，具体可根据以下两个模型进行训练：

（1）金字塔负荷模型（图4-1）。训练负荷依次为 $85\% \times 6 \sim 90\% \times （3 \sim 4） \sim 95\% \times （2 \sim 3） \sim 100\% \times 1$。训练次数和组数可以根据实际需要和个人情况进行适当调整。

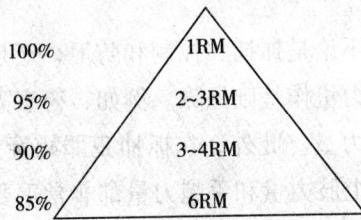

图 4-1　金字塔负荷模型

（2）双金字塔负荷模型（图 4-2）。训练负荷依次为 80%×4～85%×3～90%×2～95%×1～95%×1～90%×2～85%×3～80%×4。训练次数和组数可以实际需要和个人情况进行适当调整。

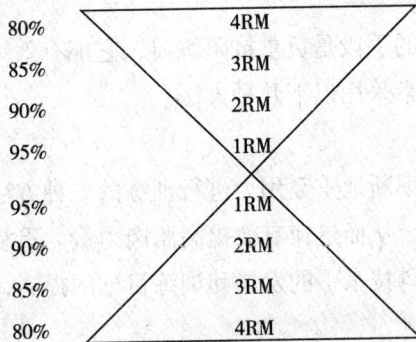

图 4-2　双金字塔负荷模型

4. 静力性力量训练法

静力性力量训练法是练习时肌肉长度基本不变，肌肉收缩所产生的能力基本上表现为肌肉张力增大。在训练中通常采用较大负荷以递增重量的方法进行练习。静力性力量训练法除了可以加强最大力量外，还可强化某些薄弱肌肉群力量，提高相关职业技能水平。如在警务实战过程中，狙击警察精准射击时的持枪动作训练等。在开展静力性力量训练时，需要注意与动力性力量训练相结合，与职业要求或技术动作相一致，同时注意保持呼吸的节奏。

（二）起动力训练方法

起动力就是在最短时间内最快地发挥下肢力量。最大力量水平是起动力的基本因素。一般来说，力量型运动员的起动速度通常都是非常出色的。

发展起动力训练的负荷要求：采用 30%～50% 的负荷强度，训练组数为 3～6组，每组训练次数为 5～10 次，每组间歇时间为 1～3 分钟。

发展起动力的具体训练方法有以下几点：

（1）利用地形做各种短跑训练，如沙地跑、上下坡跑、跑阶梯等。

（2）利用器械、仪器做各种跑的训练，如穿加重背心的起跑加速、加速跑突然改变方向跑、计时短跑、系铅腰带的加速跑、负轻杠铃短跑等。

（3）利用同伴的各种助力做加速跑训练，如牵引跑、各种准备姿势的听信号起动跑等。

（三）爆发力训练方法

1. 快速高拉

（1）杠铃放在地面或距离身体两侧约50厘米高的支撑物上。

（2）双脚开立，与肩同宽，屈膝半蹲，背部挺直，双手正握住杠铃杆，双臂伸直，握距与肩同宽（起始动作类似于硬拉的动作）。

（3）由半蹲姿势开始，双脚用力踏地借地面反作用力，伸腿、伸髋挺直后背，腿、腰、臀、背依次自下而上爆发性发力，快速向上提拉杠铃至腰际，顺势紧接一个直立划船。发力时有将杠铃向上抛的感觉，当杠铃达到腰际高度时，可以依靠惯性踮脚或进行一次小跳。

（4）恢复至初始姿势，反复练习。

注意事项：

整个动作完成的速度快，所用时间短；腿、腰、臀、背依次发力，带动上拉，注意控制全身的协调力；尽可能高地提起杠杆。

2. 快速高翻

（1）杠铃放置于地面，双手间距与肩同宽或略宽于肩，握住杠铃杆。与此同时，挺胸，抬头，腰背收紧，沉肩，手臂放松。

（2）由下蹲姿势开始，蹬腿、伸髋、提铃自下而上依次快速用力。

（3）当杠铃提至接近胸上部时，有控制地下蹲。与此同时，翻肩、屈臂、翻腕支撑，出肘接杠，掌握好时机快速将杠铃接到锁骨上。随后蹬直身体，使身体成直立姿势。

注意事项：

快速完成整个动作，且整个过程避免含胸，手拿杠铃，避免拉铃过早，甩铃；下蹲时，不能含胸，松腰，杠铃远离小腿；准确掌握翻肩、翻腕的时机；接杠时注意躯干略微前倾，重心的垂直线落在脚掌中间，一定要协调发力，掌握好发力和下蹲的节奏。

3. 快速抓举

（1）确定抓握具体位置、保持正确的握姿。将杠铃靠到自己的髋部，屈膝的同时背部挺直，用身体将杠铃夹紧。然后手臂向外伸直，这个距离就是抓举时抓握的宽距。锁握是抓杠必须采用的姿势。握杠时，四指需要盖住大拇指。

（2）做好上拉前的准备姿势。身体背部挺直、杠铃轻靠在大腿上，双膝向前向外弯曲，身体重心下降，并且臀部与杠铃保持同步。

（3）向上提杠。重心保持在脚后跟，蹬地发力，耸肩把杠铃上拉。杠铃紧贴身体，尽可能让脚后跟离开地面的时间拖后。

（4）翻杠。屁股向后坐，肩膀向前靠，收紧自己的背阔肌，让杠铃压在大腿上，重心在脚后跟前侧。杠铃贴着大腿向上拉，脚踝膝盖以及髋部全部拉伸，同时耸肩将杠铃提起，向上甩过头顶。控制好杠铃位置及身体重心平衡，身体向上顶起。

（5）练习。逐步降低杠铃的位置，练习上面全套的动作，并在学会标准抓举动作之后，根据自己的体重、技术掌握的熟练程度确认抓举重量，不断练习成套动作，提升爆发力。

注意事项：

整套动作连贯、快速；各身体肌群依次发力；掌握好翻肩、上推的时机。

4. 连续快挺

（1）双手持杠铃，翻肩、翻腕将杠铃放于颈前，双脚前后开立。

（2）降低身体重心，双腿快速蹬地，同时双臂顺势上拉，快速上举杠铃，双腿成弓箭步直臂支撑杠铃。

（3）做连续爆发式前推动作，同时双脚协调垫步交换。

（4）当负荷较重时，可以单次形式完成；当负荷较轻时，可多次重复进行，一般重复不超过 30 次。

注意事项：

动作快速、连贯，下肢动作与上举动作协调配合；各肌群从下到上依次发力。

（四）反应力训练方法

反应力的形式主要有两种：一种是以跳跃为主的弹跳反应力；一种是以击打、鞭打、踢踹为主的击打反应力。两种形式都有其各自的训练方法。

1. 发展弹跳反应力的训练方法

（1）跳深：下落高度 70-110 厘米。1 周可安排 2 次训练，每次 4 组，每组 8~12 次，每组间歇 2 分钟。切忌在疲劳时做此训练。

（2）各种跳跃训练，如连续弓步跳、连续跳台阶等，结合短跳训练提高反应力的效果较为理想。

2. 发展击打反应力的训练方法

（1）发展对抗肌的退让性训练。用本人最大负荷量进行卧推训练，以进行上肢对抗肌的退让性训练（要注意训练时的保护）。也可用与卧推相同的负荷强度和方法进行深蹲训练，来提高下肢对抗肌的反应力。

（2）发展对抗肌和击打速度的模仿性训练。利用滑轮拉力器、橡皮筋、小哑铃，石块、短棒等进行模仿击打、鞭打、投、踢和踹等动作的训练。

（五）力量耐力训练方法

（1）高强度极端用力法：采用>75%强度，训练组数为 3~5 组，每组训练8~12 次，间歇时间为 2~3 分钟。

（2）低强度极端用力法：采用30%~50%强度，训练组数为2~3 组，每组训练次数要在 12 次以上，尽力，间歇时间控制在 1~2 分钟。

（3）循环训练法：以站点的方式，按先后顺序进行上肢、腰背、下肢等不同部位练习，安排内容应以8~10 个站为宜，也可以减少站点，训练2~3 组（图4-3）。

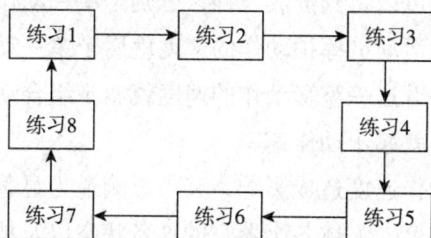

图4-3 力量耐力的循环训练法

第二节 速度素质训练理论与方法

一、速度素质训练理论

（一）速度素质概述

速度是指人的身体或者身体的某一个部位快速改变原有运动状态的能力，即肌肉工作时用最短的时间完成动作的能力。速度素质是体育运动中最重要的运动能力之一，在体能训练中占有重要的地位。

速度素质是三种能力的统称，分别是快速完成动作的能力、快速经过某种距离的能力、对外界刺激或者各种应激反应的快速判断能力。

速度素质是运动员必需的运动素质之一。一方面，在某些运动专项中，运动素质是考察的主要素质，是决定比赛成绩的关键因素，比如，100 米田径赛跑运动，就是一项典型的考察运动员速度素质的竞赛项目。另一方面，在一些运动专项中，速度素质虽然不是被考察的主要素质，但是能够促进其他运动素质的发展或者对比赛成绩同样有着重要的影响。比如，著名运动员刘易斯，当他跳远成绩为 8.91 米时，他的 100 米跑成绩已经达到了 9 秒 86。还有铅球运动，铅球运动的成绩由扔铅球时的直接力量和助跑时产生的间接力量共同决定，较高的速度素质水平有助于铅球运动员取得更好的比赛成绩。

（二）速度素质的分类

1. 动作速度

动作速度，是指人体或者人体的某一部分在单位时间内完成某种动作的次数，也可以说是人体或人体的某一部分完成某种动作所用的时间。根据表现形式对动作速度进行分类，可以将其分成三种，分别是单一动作速度、组合动作速度和动作速率。如羽毛球运动员挥拍动作的速度就属于单一动作速度；铅球运动员助跑、扔铅球、收回手臂这一整套动作的速度就属于组合动作速度；田径比赛运动员的跑步步幅的快慢就属于动作速率。

很多因素都能对动作速度造成影响，其中影响最为显著的三个因素分别是神经系统的兴奋度和敏感度、人体各个器官的准备状态以及技术动作的熟练程度。

动作速度的快慢和神经系统的兴奋度、敏感度具有非常密切的关系。当大脑受到比较明显的内外刺激时，人的神经系统会处于比较兴奋的状态，传递信号的速度也会随之加快。此时，人们表现出来的特征为身体的协调性增强，反应速度加快，动作速度加快。

人体各个器官的状态也会对动作速度产生一定的影响。当人体器官处于充足的准备状态时，人的动作速度就会比较快；当人体器官没有进入运动准备状态，状态比较差的时候，人的动作速度就会减慢。这也是人们选择在运动之前进行一定时间的热身运动之原因。

运动技能的娴熟程度也是影响动作速度的因素之一，技术动作越娴熟，动作速度越快，反之动作速度会减慢。

2. 移动速度

移动速度即位移速度，是指在单位时间内人体快速移动的能力，其主要特点是通过肌肉系统最大限度的快速活动形式，在最短的单位时间内完成动作。主要包括平均速度、加速度和最高速度三种形式。

和动作速度相同的是，移动速度也会受到神经系统的兴奋度和敏感度的影响，并且神经系统敏感度越高，移动速度越快，反之移动速度则会减慢。除了神经系统的兴奋程度，移动速度还受到其他众多生物学因素的影响。图 4-4 以跑步运动为例，列举了跑步运动中影响运动员移动速度的各种生物学因素。

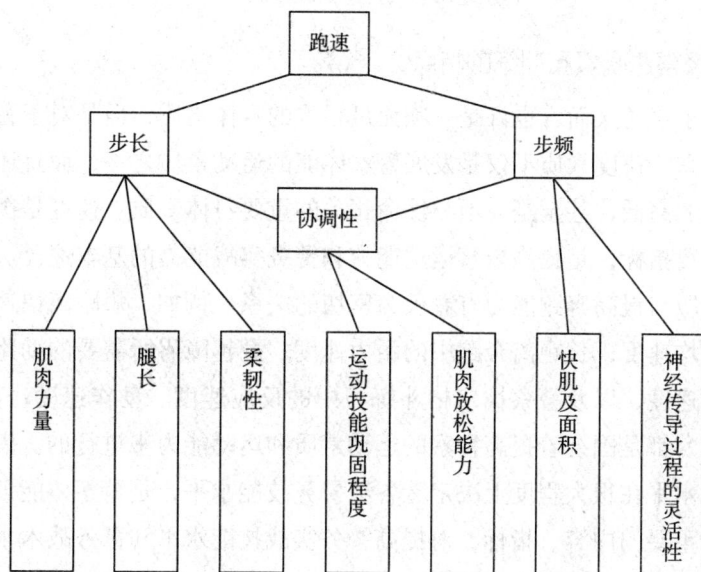

图 4-4　影响跑步运动中受训学员移动速度的生物学因素①

3. 反应速度

反应速度，是指人体对外界各种刺激信息的回应能力。反应速度由刺激信息传递所需的时间决定，刺激信息的传递是在一瞬间完成的，这段短暂的时间被称为"反应时"。反应时主要经历以下过程：首先，某些感觉器官被刺激而唤起兴奋；其次，兴奋沿传入神经传到中枢，一旦兴奋冲动传到大脑中枢，就要根据过去的经验进行分析，刺激方式越复杂，在中枢分析的时间就越长；再次，沿着传出神经，把中枢所发的指令传到相应的肌肉群；最后，肌肉根据刺激的特点与要求，作出相应的回答。反应时和反应速度之间是反比例的关系，反应时越长，则反应速度越慢。

神经过程的感觉时间和思维判别时间是反应速度的基础，这也就意味着会有很多因素直接影响神经传导过程，进而间接影响反应速度。根据科学研究表明，遗传因素是影响反应速度的最主要的因素，对反应速度的影响程度可以达到 75%以上。

动作速度、移动速度、反应速度是速度素质的三个方面，共同构成速度素质的评价标准。三者之间是相互联系、相互制约的关系，其中，反应速度是移动速

---

① 康利则，马海涛. 体能训练理论与方法 ［M］. 西安：陕西人民出版社，2010.

度的前提条件，动作速度是移动速度的基础。在进行速度素质训练时，首先应该注重三者之间的整体性，其次应该厘清三者之间的关系，协调发展速度素质的三个方面。

（三）警察速度素质训练的特点

速度对于普通人而言也许是一项无足轻重的身体素质，但是对于警察却具有决定性的意义。速度素质不仅是发展警察体能的运动素质之一，而且还决定着他们警务技能的高低，甚至是一项与性命相关的重要身体素质。速度是衡量警察体能状态的重要指标，是提高警察运动能力和警务实战能力的基本途径。警察奔跑中的速度素质与提高奔跑能力有着极为密切的关系。例如，短距离快速追捕的绝对速度、平均速度；长距离奔跑中的耐力速度；翻越障碍所需要的助跑与起跳动作结合的初速度，以及警察擒拿格斗练习中的反应速度、动作速度、移动速度、进攻速度等，都是围绕着提高警察的运动素质和运动能力来进行的。因此，速度素质的发展水平在很大程度上决定着各项警务技能水平，是警察体能训练和体能考核的一个重要的内容、指标，对提高警务实战技能水平和警务战术水平有着极为重要的作用。

二、速度素质训练方法

（一）反应速度的训练方法

1. 绳梯 180°转体跳

（1）身体成半蹲姿势，双脚分开，每只脚放在一个格子中，将身体重心落在前脚掌。

（2）双脚跳起的同时身体在空中旋转 180°，落下的时候双脚落在格子里。

（3）身体跳起向反方向在空中转体 180°，双脚各落在前面的格子中。

（4）重复进行练习。

注意事项：

（1）要求受训学员在地面时的脚一直放在格子中，培养受训学员的周边视觉能力，提高受训学员的视觉观察能力。

（2）发展受训学员骨盆、髋部和双脚的动作速度、灵活性。

（3）要求受训学员身体始终向绳梯的同一方向移动，尽量用骨盆和下肢快速完成动作。

（4）要求受训学员不断提升跳跃的速度和准确性。

图4-5为该练习方式的具体图解,以供参考。

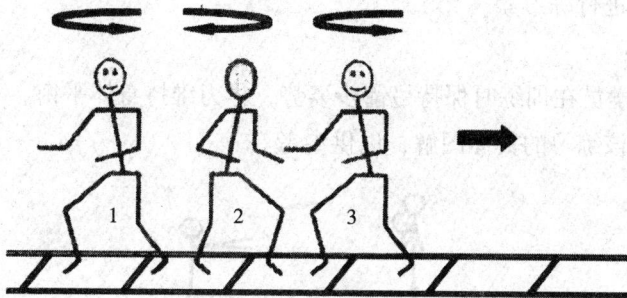

图4-5 绳梯180°转体跳①

2. 跳起转体接实心球

(1)背对接球方向,双脚左右开立,双手紧紧夹住轻实心球。

(2)迅速跳起,用双腿将实心球抛向空中。

(3)身体落地迅速接住实心球。

(4)重复练习。

注意事项:

(1)训练过程中受训学员身体各个环节必须要协调配合,迅速、连贯地完成动作。

(2)将反应能力培养作为训练重点。

图4-6为该训练的具体图解,以供参考。

图4-6 跳起转体接实心球

3. 弓箭步快速接实心球

(1)两人一组,相对站立,中间人概相隔3~4步的距离。

(2)一人双手持实心球,一条腿屈膝、屈髋前迈并缓缓落地。

(3)前面腿的大腿与地面平行,膝关节弯曲90°,并且不能超过脚尖的垂线。

(4)在脚落地之前将手中的球传给同伴,接球时前面的脚蹬地恢复开始时

---

① 罗华平.现代体能理论阐析与科学化训练研究[M].北京:中国书籍出版社,2015.

的姿势。

（5）重复进行练习。

注意事项：

要求受训学员在训练时保持弓箭步姿势，尽力维持身体平衡。

图4-7是该练习的具体图解，以供参考。

图4-7　弓箭步快速接实心球

（二）动作速度的训练方法

1. 摆臂练习

（1）双腿并拢站立。

（2）上肢做短跑姿势，肘关节成直角，不断做前后摆臂动作。

（3）摆手时，当手臂摆到身体正面时，手臂的高度大约和肩部持平；当手臂摆到身体后面时，手臂的位置大约和腰部持平。

（4）重复练习。

注意事项：

（1）进行摆臂练习时，要求受训学员将每一次的摆臂动作都做到标准。

（2）在保证动作准确性的基础上不断提高动作速度。

图4-8为该训练的具体图解，以供参考。

图4-8　摆臂练习

2. 俯卧撑撑起鼓掌练习

（1）身体成一条直线，做俯卧姿势，依靠双脚和双手支撑起身体的重量。

（2）做俯卧撑动作：双臂屈肘使身体下落，双臂快速伸直，使身体上升，这个过程的用时要短，速度要快。

（3）身体上升的同时快速起身并做击掌动作，然后迅速恢复开始时的姿势。

（4）重复练习。

注意事项：

（1）训练开始时的动作要求受训学员全身伸展成一条直线，并保持平衡。

（2）训练过程中要坚持利用肘部发力，锻炼肩部和手臂上半部分的肌肉。

（3）受训学员必须要以较快的速度完成动作。

图 4-9 是该训练的图解，以供参考。

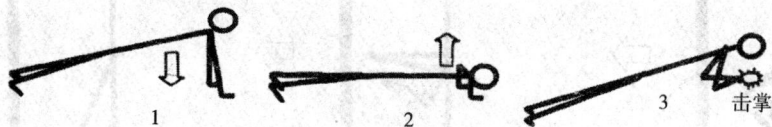

图 4-9　俯卧撑撑起鼓掌练习

3. 快速滑动俯卧撑练习

（1）受训学员趴在球上，用髋部压住球。

（2）双手代替双脚，交替发力，使身体向前移动，注意身体依旧压在球上，只是压球的部位发生变化。

（3）身体移动到双脚压在球上时停止继续向前滑动，然后保持姿势不变，做俯卧撑动作。

（4）身体压在球上向后滑动，恢复开始时的姿势。

（5）重复练习。

注意事项：

（1）整个训练过程中，受训学员的身体必须处于伸直的状态。

（2）还可以通过提起一条腿或者以双手和一条腿在球上支撑完成俯卧撑的方式来增加训练的难度。

图 4-10 是该训练的具体图解，以供参考。

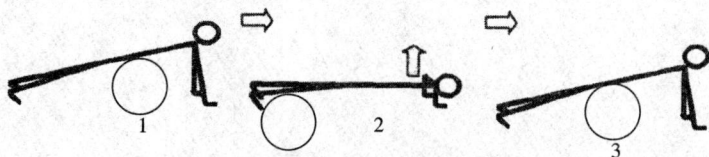

图 4-10　快速滑动俯卧撑练习

4. 脚回环练习

（1）一只脚抬起，单脚支撑身体的重量，同时用手扶住物体帮助身体保持平衡。

（2）抬起的那只脚以短跑动作进行回环练习。

注意实现：

（1）要求受训学员在动作过程中回环，脚跟拍击臀部，以扒地动作结束。

（2）脚的回环动作路线在身体前面完成。

图 4-11 是该训练的具体图解，以供参考。

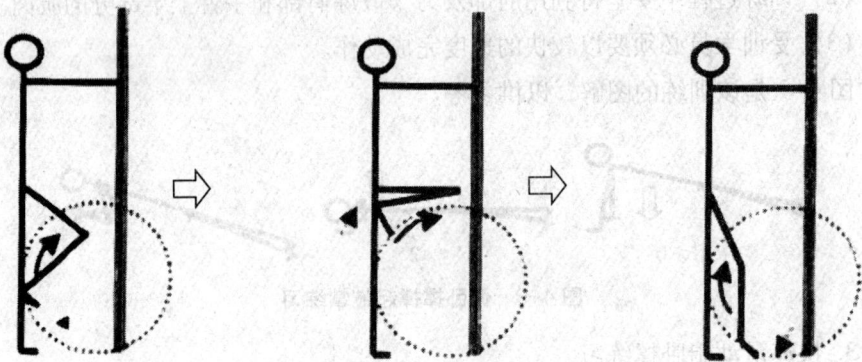

图 4-11 脚回环练习

（三）移动速度的训练方法

1. 后踢脚练习

（1）做慢跑动作。

（2）腿向后摆时，摆动的幅度要大，高度要高，需要达到能用摆动腿的脚跟拍击臀部的高度。

（3）膝盖在腿向后摆动时用力向前上方摆动。

（4）持续进行重复练习。

注意事项：

（1）在受训学员自身现实状况的基础上，要求受训学员尽量加快步频。

（2）要求受训学员的上身在训练的过程中始终保持挺直的状态。

图 4-12 为该训练的具体图解，以供参考。

图 4-12　后踢脚练习

2. 跑步动作平衡练习

（1）身体做最高时速时的跑步动作，左腿为支撑腿，并且左腿肘关节弯曲成直角，做微蹲姿势。

（2）右腿抬起，抬起的高度为脚踝基本和臀部持平。

（3）左手上抬，高度和肩部持平，右手下伸，高度和髋部持平。

（4）重复练习。

注意事项：

（1）受训学员每次练习至少保持该姿势 20~60 秒。

（2）还可以通过要求受训学员站在重心不稳的海绵垫上或者要求受训学员负重练习等方式来增加训练的难度。

图 4-13 为该训练的具体图解，以供参考。

图 4-13　跑步动作平衡练习

3. 折叠腿大步走练习

（1）身体保持短跑时的姿势。

（2）做摆步动作大步走。

（3）抬腿的幅度要大，高度要高，充分屈膝，将脚抬高到接近臀部的位置，并且将脚尖翘起。

（4）重复练习。

注意事项：

（1）在练习过程中，要求受训学员每次都将腿摆到最高的位置。

（2）要求支撑腿快速蹬地，为大步走发力，加快脚步的频率。

图4-14为该训练的具体图解，以供参考。

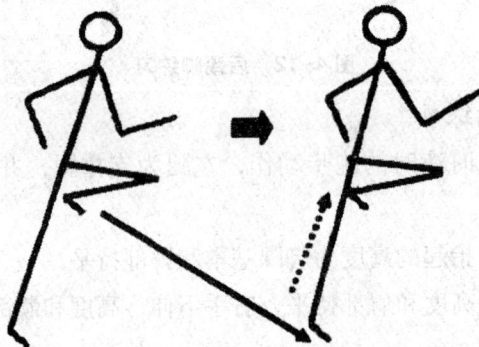

图4-14　折叠腿大步走练习

4. 踮步折叠腿大步走拉橡胶带

（1）在双脚的脚踝上粘上橡胶带，橡胶带一头在脚踝上，一头固定在地面上。

（2）与折叠腿大步走相同，但后蹬腿需加上踮步。

（3）身体腾空时摆动腿充分折叠。

注意事项：

注意调动腿部的爆发力完成伸髋和下落扒地动作，髋部向前推进的速度要快。

图4-15为该训练的具体图解，以供参考。

图4-15　踮步折叠腿大步走拉橡胶带

第三节　耐力素质训练理论与方法

一、耐力素质训练理论

（一）耐力素质的概念

耐力素质，是指人体在长时间工作或运动中克服运动疲劳的能力。耐力素质在一定程度上反映了人体健康水平或体质强弱，因此无论是作为普通人还是专业的运动员，都要重视自身的耐力素质训练。需要注意的是，人体各项体能素质并不是独立存在的，与其他体能素质之间存在着极为密切的联系。以耐力素质为例，耐力素质可以与力量、速度素质等相结合，形成力量耐力和速度耐力。这些素质都是运动员应具备的重要体能素质。

（二）耐力素质的分类

一般情况下，根据耐力训练的需要，会按照代谢方式和运动项目的不同进行以下分类。

1. 按代谢方式进行分类

（1）有氧耐力。有氧耐力，是指机体在氧气供应充分的情况下坚持长时间运动的能力，它体现出机体的有氧代谢能力，具体包含机体吸收、运输和利用氧气的综合能力。通过科学训练，可以有效提升人体的有氧耐力水平。体现有氧耐力能力的运动项目有越野跑、长跑、长距离竞走、马拉松、健步走等。

（2）无氧耐力。无氧耐力，是指机体在氧供应不足的情况下坚持长时间运动的能力。由于运动的强度大，机体要在氧供应不足的情况下持续运动，此时会产生氧债，即在运动结束后逐渐偿还，因此无氧耐力训练的目的就是提高受训者机体承受氧债的能力。需要无氧耐力的运动项目有举重、短跑等。

（3）有氧与无氧混合耐力。在大多数时候，机体的供氧情况都是有氧和无氧混合进行的，如拳击、摔跤等，都属于有氧与无氧混合耐力项目。这种介于有氧耐力和无氧耐力之间的特殊耐力，要求机体有氧和无氧代谢同时参与供能。混合耐力供氧体现出的特点是，这一类运动的持续时间要长于无氧耐力，又短于有氧耐力。提升混合耐力的训练也有别于有氧耐力训练和无氧耐力训练的方法。

2. 按运动项目耐力分类

从不同运动项目的角度对耐力进行分类则一般分为一般耐力和专项耐力。一般耐力即普遍适用于大多数运动的耐力水平，属于体能素质的基础能力，而专项耐力仅仅在某些特定运动中才需要，因此只有想提升该项运动技能和水平时，才会进行专项耐力训练。

（1）一般耐力。一般耐力指的是机体长时间工作的能力。无论从事什么运动项目的运动员，也无论是哪个警种的警察，都需要具备一定的一般耐力水平。一般耐力反映了机体多系统、多肌群工作协作的能力。另外，一般耐力也是专项耐力的基础，发展专项耐力必须建立在一般耐力的基础之上。

（2）专项耐力。专项耐力是指为了获取专项成绩或某种职业需要，受训者最大限度地动员机体能力，克服专项负荷所产生疲劳的能力。根据运动项目和职业需要的不同，专项耐力呈现出不同的特点。

（三）警察耐力素质训练的特点

在警察的警务实战工作中，对耐力素质有着特别的要求。由于警察的工作性质特殊，很难评估警察执行一次任务需要多长时间，有时候一次等待抓捕任务可能会持续十几个小时，甚至几天的时间。这是对人体耐力水平的极大考验，因此，在平时的体能训练中，要提高警察的耐力素质，进而增强警察警务实战能力。

耐力素质的提升，对于普通人而言，是提升身体健康水平；对于运动员而言，是促进提高其竞技成绩。对于警察而言，超强的耐力水平可能意味着对自身生命安全的保障。因此，必须重视对警察耐力素质的训练。

二、耐力素质训练方法

（一）有氧耐力的训练方法

1. 沙地负重走

在沙滩上肩负杠铃杆或背人做负重走，距离约 200 米。要求训练时心率达到 130~160 次/分钟。

2. 负重连续跳

肩负杠铃杆等轻器械做连续原地轻跳或提踵练习，30~50 次/组。

3. 连续跳推举

原地蹲立，双手握杠铃杆，提铃至胸后，连续做跳推举杠铃杆，重复 20~30 次。

4. 沙地竞走

在沙滩或沙地上竞走 500~1000 米，反复练习。

5. 双摇跳绳

原地正摇跳绳，跳一次摇两圈绳，连续跳 30~40 次。心率恢复到 120 次/分钟以下时继续下一组练习。

6. 连续跳深

站在高 60~80 厘米的台阶上向下跳，落地后接着迅速跳上高 30~50 厘米的台阶。连续跳 20~30 次，重复练习。

7. 连续跳栏架

双脚起跳连续过 20 个高 30~40 厘米的栏架，往返一次为一组，8~10 组。

8. 连续引体向上或屈臂伸

连续在单杠上做引体向上或在双杠上做屈臂伸，20~30 次/组，4~6 组。

9. 划船练习

水中划小船（单桨和双桨交替），每次 10 分钟，重复 4~5 次，间歇 10 分钟。

10. 拉胶皮带

结合专项练习或专门练习做连续拉胶皮带练习，如拉胶皮带扩胸、拉胶皮带做支撑高抬腿等。

11. 双杠支撑连续摆动

双杠上直臂支撑，以肩为轴摆动，40 次/组，4~5 组，间歇 3 分钟。强度 40%~55%。

12. 俯卧撑或俯卧撑移动

在垫上连续做俯卧撑，30 次/组，4~6 组；或成屈臂俯卧撑姿势，双臂、双脚发力左右移动，20~30 次/组，4~5 组。

13. 手倒立

独立完成手倒立或对墙做或在同伴的帮助下完成。每组倒立静止 1~3 分钟，3~4 组，间歇 5 分钟。

14. 登山游戏

在山脚下听口令起动，按自选路线或规定路线登山，途中安排游戏，规定完成游戏后才可到达终点。

15. 跳舞

如健美操、迪斯科等，连续跳 5 分钟以上，间歇 5~8 分钟后继续练习。强度 40%~60%。

16. 水中快走或大步走

在浅水池中快速走或大步走 200~300 米，间歇 5 分钟后继续练习。强度 50%~55%。

17. 竞走追逐

两人在跑道上前后间隔 10 米，听口令竞走，后者追赶前者，距离 400~600 米，强度 50%~60%。每次结束放松慢跑 2 分钟再继续练习。

18. 大步走、交叉步走或竞走

在公路、公园等场地大步快走，交叉步走或几种走交替进行，距离 1000 米左右，间歇 3~4 分钟后继续练习。强度 40%~50%。

（二）无氧耐力的训练方法

1. 反复跑

进行 80 米或 100 米或 120 米的反复跑练习，每组 3~5 次，重复 4~6 组。每组结束后心率恢复至 120 次/分钟时进行下一组练习。

2. 反复起跑

蹲踞式或站立式起跑 30~60 米，每组 3~4 次，重复 3~4 组。

3. 行进间歇跑

进行 30 米或 60 米的行进计时间歇跑，每组 2~3 次，重复 3~4 组。

4. 间歇接力跑

在跑道上，4 人分成两组，相距 200 米，听口令起跑，每人跑 200 米后交接棒，每人重复 8~10 次。

5. 计时跑

长于专项距离的计时跑或短于专项距离的重复计时跑。重复次数根据跑距而定。

6. 变速跑

快跑与慢跑交替进行。要锻炼非乳酸性无氧耐力，方法为 50 米快、50 米慢，或 100 米快、100 米慢，或直道快、弯道慢，或弯道快、直道慢等。要锻炼乳酸性无氧耐力，方法为 400 米快、200 米慢，或 300 米快、200 米慢，或 600 米快、200 米慢等。强度 60%~80%。

7. 变速越野跑

在公路、草地等场地进行越野跑，途中加入若干次 50~150 米的加速跑或快跑。

8. 反复变向跑

听口令或向前后、左右变向跑，每次 2 分钟，重复 3~5 组，间歇 3~5 分钟。

强度 65%~70%。间歇后心率恢复到 120 次/分钟以下再继续练习。

9. 反复连续跑台阶

在每阶高 20 厘米的楼梯上连续跳 30~40 步台阶，每步 2 个，重复 6 次，间歇 5 分钟。强度 65%~70%。

10. 法特莱克跑

在野外、丘陵、山坡、平原的地形条件下，由练习者自己控制速度，变速跑完 3000~4000 米。

11. 球场往返跑

在篮球场端线处听口令跑至对面端线后再返回，每组往返 4~6 次，重复 4~6 组。强度 60%~70%。

12. 水中间歇高抬腿

水中间歇高抬腿是借助水的阻力增强训练的难度，训练时选择一个适当水深的浅水池，最好是水位比受训警察的腰部略低一点，高抬腿的时候正好使大腿露出水面。然后每人原地高抬腿 100 次为一组，根据体能情况重复 4~6 组，每组之间休息 3 分钟。

13. 分段变速游泳

变速游泳，每 50 米变速一次，游完 250~300 米为一组，共 4~5 组，间歇 10 分钟。强度 65%~75%。

14. 水中变姿变速游

变速游同上段落所述。变姿游即是用各种姿势混合游泳，每组每个姿势游 50 米，3~5 组，间歇 10 分钟。强度 65%~75%。

15. 水中短距离间歇游

50 米、100 米等不同距离组合的间歇游，间歇 2~3 分钟。强度 60%~70%。

16. 水中追逐游

两人相距 3~5 米同时出发追逐游，50 米后往返。强度 65%~75%。两人泳姿应一致。

17. 游泳接力

两人或四人 50 米往返接力，每人游 4 次为一组，3~4 组，间歇 5·8 分钟。强度 60%~70%。

18. 高翻

两脚开立，屈膝下蹲，双手正握抓杠，手臂伸直，背部平直；挺胸，目视前方或前上方。用力提起杠铃，保持肘关节充分伸直并使杠铃尽可能接近胫骨。

当杠铃提至膝部上方时，充分伸展髋、膝、踝关节，使杠铃与身体尽量靠近。背部始终平直。同时还要充分伸展肘关节，并向上耸肩。

当肩向上至最高点时，慢慢屈肘，用臂推举杠铃。头部正直，屈髋和屈膝，使身体处于1/4下蹲姿势。

双臂在杠铃之下时，抬肘使上臂平行地面，将杠铃置于锁骨和三角肌前束上。此时头部位置正中，双脚平稳站立。

待身体平稳，通过伸展髋和膝部使身体充分直立。

反复练习。

19. 推举

在上述高翻动作的基础上进行推举。

两脚开立，屈膝下蹲，杠铃直线下移。达到下蹲的最低姿势，迅速伸展髋、膝关节，同时用力向上举起杠铃，当髋、膝关节充分伸展且杠铃在头部上方后，屈髋、屈膝，同时肘关节充分伸展，达到最大高度时将杠铃举过头顶并控制好杠铃，此时肘、膝、髋关节充分伸展，头部位置正中，杠铃在头部稍后位置。

反复练习。

20. 深蹲

（1）两脚分开保持平行，间距同肩宽，辅助者将杠铃放在练习者头部后方肩胛骨和斜方肌上，练习者双手抓住杠铃。

（2）上体挺直，屈膝下蹲至大小腿几乎垂直。

（3）慢慢伸展膝关节和髋部，直至直立姿势。

反复练习。

第四节　柔韧、协调和灵敏素质训练理论与方法

柔韧、协调和灵敏素质在竞技运动中具有重要的作用，对于警察而言，则是为了更好地协调和加强力量、速度、耐力这三大运动素质，对提升其综合体能水平具有积极作用。由于警察职业不是为了展现高超的竞技运动水平，而是为警务实战工作服务，因此，对警察的柔韧、协调和灵敏素质没有特殊的要求，但是为了全面提升其综合体能素质，这些体能素质训练在警察体能训练中也是不可或缺的重要内容。

一、柔韧素质训练

（一）柔韧素质训练理论

1. 柔韧素质的基本含义

柔韧素质通常被认为是人体各个关节进行的屈伸动作以及其动作的活动范围。柔韧素质主要包括两个方面：一是人体关节活动幅度的大小；二是跨过关节的肌肉、筋膜、韧带等软组织的伸展性。因为发展柔韧素质的关键因素是人体的关节和韧带组织，所以其发展的最佳时期是在儿童青少年时期，如果错过了关键时期，那么人体柔韧素质的提高将十分有限。而如果能在青少年时期得到科学训练，那么青少年相对较快就能收到明显的效果，也降低了受伤概率以及训练强度。

不同的运动项目对柔韧素质的要求也各有不同。并且，除了发展和改善肌肉间的协调性之外，还要改善肌肉和韧带的可塑性。

2. 柔韧素质的分类

柔韧素质分为一般性柔韧和专门性柔韧两种，一般性柔韧是专门性柔韧的基础。一般性柔韧素质是针对大多数运动的柔韧水平，而专门性柔韧则是在某些运动中才会发挥作用的一种能力，比如体操运动员的很多技术动作，就需要进行特色柔韧训练才能获得。体操运动包含大量的高难度动作，在一套动作中往往需要肩部、髋部、腰部、腿部等各个部位进行大幅度的活动，而这些技术都需要在年龄较小时就接受柔韧训练的运动员才可以做到。而游泳运动员在训练和比赛中所需的专门性柔韧则集中体现在肩部和腰部。专门性柔韧素质是建立在一般柔韧基础之上的，它与专项运动密切相关。

（二）柔韧素质训练方法

1. 颈部柔韧练习

（1）静力性练习。一般方法是使头部尽可能屈、伸、侧倒至最大限度，然后维持一段时间的静止。

（2）动力性练习。头部在尽可能大的活动范围内做绕环运动，或练习者双手托下颌，做头部的向左、右方向的运动练习。

2. 肩关节柔韧练习

（1）静力性练习。采用正、反、侧三个面的压肩、控肩、搬肩练习。

（2）动力性练习。双手握棍进行转肩练习，或借助弹力带做拉肩、转肩及轮臂练习。

3. 肘关节柔韧练习

（1）静力性练习。可采用屈肘、反关节压肘至最大活动范围，并使之维持一段时间。

（2）动力性练习。最常用的方法是做肘部绕环运动，首先固定肩关节的活动，然后使上臂保持在一个水平面上，然后以肘关节为轴做绕环练习。

4. 腕关节柔韧练习

（1）静力性练习。同样是采用屈腕和伸腕至最大活动范围并维持一段时间的静止练习。

（2）动力性练习。采用手腕绕环运动、抖腕运动等手段。

5. 腰部柔韧练习

（1）静力性练习。主要方法有下腰和控腰两种，注意用力缓慢。

（2）动力性练习。可采用腰绕圈、扭腰等方法练习，同样需要注意用力不要过猛。

6. 髋关节柔韧性练习

（1）静力性练习。可采用耗腿、控腿，纵劈叉、横劈叉、抱腿前屈等练习。

（2）动力性练习。可采用搬腿，向前面、侧面踢腿，以及外摆腿、里合腿，盘腿压膝等。

7. 膝关节柔韧性练习

（1）静力性练习。主要有压膝和屈膝两种方法。

（2）动力性练习。采用膝绕环、快速蹲立练习。

8. 踝关节柔韧性练习

常用的方法有坐踝、绷脚面、勾脚尖练习以及提踵练习等。

应当注意的是，发展柔韧素质应该静力性练习和动力性练习结合进行，单纯地采用静力性练习或单纯采用动力性练习，训练效果会欠佳。

二、协调素质训练

（一）协调素质训练理论

1. 协调素质的基本含义

协调，是指人体产生准确、平滑、有控制的运动能力。协调素质是其他各种运动素质的综合表现，它主要表现在反应、起动、变换方向的速度，并能更快更有效提高机体的综合反应能力。

2. 影响协调素质的因素

（1）遗传因素。遗传因素对机体的协调性存在很强的决定作用。有些运动员天生具有优秀的协调素质，这也就是通常所说的有天赋，但是协调性可以通过后天的努力训练得到提升，特别是通过专业的、有针对性的训练方法，可以弥补先天的能力不足。

（2）心理定力。协调性除了需要机体的配合能力、对动作掌握的纯熟度之外，同时也需要强大的心理定力，这样才能在异常紧张的时刻，也能作出恰当的判断并完成动作。这种冷静的能力就需要个体具有过硬的心理素质，以及良好训练。因此，我们常常会看到"急性子"和"慢性子"这种性格差异会在协调性的发挥方面有不同的效果。

（3）平衡能力。协调性的发挥需要建立在良好的平衡能力的基础之上，一个平衡能力很差的人通常很难具有良好的协调性。因此，协调性的训练也要结合平衡能力一起进行，一定的平衡能力可以辅助协调性的提高。

（4）柔韧性因素。如前所述，机体的很多素质是相互影响、相互促进、相互制约的，如柔韧性的好坏与否将影响协调性的发挥。

（5）技术动作的娴熟度。协调性是一个复杂、多样化的素质能力，不同运动项目所对应的技术特点都不同，需要的协调性也不同，有时甚至大相径庭。在某一个技术动作中使用的协调性很难直接照搬到其他动作上，因此必须针对不同项目进行专门的训练。总之，技术动作的娴熟程度需要长期、复杂的训练过程才能实现。

（6）力量因素。力量因素也是制约协调性发展的重要因素。很多时候尽管大量地做协调性训练，但是一直都进步很慢、收效甚微，究其原因往往和忽略了力量训练有关。协调性可以让技术动作完成得更高效，并且同时考虑时机、力量、对抗等因素，尽可能地整体达到最高水平。这其中力量因素是一个非常重要的支持因素，除了选择时机、做出决断这些更多地存在于神经系统层面的工作，娴熟的技术能力和力量水平是协调性完美表现的保障。

（7）耐力因素。在时间较长、对抗性较强的环境中，力量耐力和速度耐力较差也会影响协调性的提高和发展。耐力薄弱，问题就会变得更加明显。比如，耐力的不足最终导致力量和速度也发生衰减，无法保持动作的完整度，使动作效果变差、动作力度不够等，以上这些都是耐力薄弱的现象。也就是说，良好的协调性意味着需要在长时间、高强度的活动中能够持续发挥，如果耐力不够，协调性将成为无米之炊、无源之水。

（二）协调素质训练方法

1. 上肢协调训练

上肢的协调训练一般是同时让两臂做相反或相向的运动来实现。比如，一臂直臂向前画圆摆动，同时另一臂向后画圆摆动，因为这种练习方式与通常人体进行的活动不同，因此可以刺激机体，从惯性和惰性中逐渐适应新的运动形式，从而使机体的协调性得到提高。

2. 下肢协调训练

（1）原地拍击脚背。使用左手在体前拍击左侧脚的脚背内侧，右手在体后拍击右侧脚的脚背外侧，动作要保持连贯、循环往复。

（2）转向跳。转向跳是指双脚并拢，用力向上跳起的同时也做转向运动，通常情况下是转向180°后着地。顺利标准地完成动作，可以很好地训练身体的协调性素质。

（3）变向跑。听哨声执行动作。比如一声哨响做向前5米的冲刺跑，紧接着再后退3米；二声哨响做向左冲5米后向右冲刺跑3米的练习。

3. 整体协调训练

（1）侧向交叉步。手臂平举于身侧自然伸展，保持身体平衡，做侧向交叉步移动练习，注意速度不要过快，但是要确保每一个动作完整、到位。

（2）镜式练习。如果你习惯了使用右手（脚）发力，那么改用左手（脚）投球、扔铁饼、起步。以镜像动作完成全套练习。

（3）使用不习惯的起始位置。背对跳跃方向完成跳高或跳深。

三、灵敏素质训练

（一）灵敏素质训练理论

1. 灵敏素质的基本含义

灵敏素质，是指人体应对突发转变，能够快速、协调、敏捷、准确地完成动作的能力。它是人体的运动技能、神经反应能力和各种身体素质的综合表现。灵敏素质是建立在力量、速度、耐力、柔韧等多种素质和技能之上的。灵敏素质是协调各种身体素质能力、提高技术动作质量的重要条件。对于经常会面对抓捕对抗、防卫控制等情况的警察而言，加强灵敏素质的训练将直接提高其警务实战能力和实战效果，并有助于保障其基本的人身安全。

2. 灵敏素质的基本分类

（1）一般灵敏素质。一般灵敏素质是指在各种运动活动中，人体在突然变换条件的情况下，能够迅速、准确、合理地完成各种动作的能力。

（2）专项灵敏素质。专项灵敏素质是指在专项体能训练中所需要的灵敏素质，它是完成一些专项技术动作的必要能力。

3. 灵敏素质判断标准

在实践中，用来判断灵敏素质的标准如下：

（1）能力上具有快速反应、判断、躲闪、转身、急停、跳起、翻转、维持平衡和随机应变的能力。

（2）动作上能自如地控制身体，在各种不同的条件下都能准确、熟练、迅速地完成动作。

（3）能把爆发力、反应速度、耐力、协调性、节奏感等素质和技能通过熟练的动作综合表现出来。

（二）灵敏素质训练方法

发展灵敏素质的途径主要包括徒手体能训练、器械体能训练、组合体能训练和其他训练等。

1. 徒手体能训练

（1）单人训练。弓箭步转体、立卧撑跳转体、屈体跳、腾空飞脚、跳起转体、快速后退跑、快速折回跑等训练。

（2）双人训练。障碍追逐、过人、模仿跑、撞拐等双人训练。

2. 器械体能训练

（1）单人训练。单人器械体能训练包括各种形式的个人运球、顶球、颠球、双杠转体跳下、翻越肋木、钻栏架、钻山羊以及各种球类运动、体操运动的专项技术动作训练。

（2）双人器械训练。各种形式的传球、接球、抢球、接球翻滚等，以及双杠杠端支撑跳下换位追逐、肋木穿越追逐等训练。

3. 组合动作训练

（1）两个动作组合体能训练。主要有交叉步—后退跑、后踢腿跑—圆圈跑、侧手翻—前滚翻、转体俯卧—膝触胸，变换跳转髋—交叉步跑、立卧撑—原地高抬腿跑等训练。

（2）三个动作组合体能训练。主要有交叉侧跨步—滑步—障碍跑、旋风脚—侧手翻—前滚翻、弹腿—腾空飞脚—鱼跃前滚翻、滑跳—交叉步跑—转身滑步跑等训练。

（3）多个动作组合训练。倒立前滚翻—单肩后滚翻—侧滚—跪跳起、悬垂摆动—双杠跳下—钻山羊—走平衡木、跨栏—钻栏—跳栏—滚翻、摆腿后退跑—

鱼跃前滚翻—立卧撑—高抬腿等训练。

4. 其他训练

发展灵敏素质须除了要结合专项特点以外，重点是综合发展反应、平衡、协调等能力。

（1）反应能力训练。

①做与口令相反的动作。

②按有效口令做动作。

③原地、行进间或跑步中听口令做动作。例如，喊数抱团成组，加、减、乘、除简单运算得数抱团组合等。

④一对一追逐。

⑤一对一抢对方后背号码。

⑥听信号或看手势急跑、急停、转身、变换方向训练。

⑦听信号的各种姿势起跑。如站立式、背向、蹲、坐、俯卧撑等姿势。

⑧跳绳。例如，两人摇绳，从绳下跑过转身，从绳上跳过等。

⑨一对一跳动脚猜拳、手猜拳、打手心手背、摸五官等训练。

⑩叫号追人、抢占空位、打野鸭、抢断篮球等。

（2）平衡能力训练。

①一对一相对而立，双手直臂相触，虚实结合相互推，使对方失去平衡。

②一对一弓箭步牵手相对而立，虚实结合互推互拉使对方失去平衡。

③各种站立平衡，如俯平衡、搬腿平衡、侧平衡等。

④头手倒立、肩肘倒立、手倒立停一定时间。

⑤在肋木上横跳、上下跳。

⑥跑中听信号完成急停动作。

⑦在平衡木上做简单动作。

⑧发展旋转的平衡能力训练。

（3）协调能力训练。

①一对一背向互挽臂蹲跳进、跳转。

②模仿对方动作，两人交替给出动作。

③两人头上拉手向同方向连续转。

④移动脚步训练。例如，前后、左右、交叉的快速移动，单脚为轴的前后、转体的移动。左右侧滑步、跨跳步的移动。

⑤跳起体前屈摸脚。

⑥做不习惯方向的动作。

⑦改变动作的连接方式。

⑧选用健美操的一些动作。

⑨原地跳转360°后跳远,前滚翻交叉转体接后滚翻,跪跳起接挺身跳等。

⑩两人练习,一手扶对方肩,一手互握对方脚腕,各用单脚左右跳、前后跳、跳转。

(4)体操动作训练。

①前滚翻、后滚翻、侧滚翻为一组动作,做多组。

②连续前滚翻或后滚翻练习。

③双人前滚翻:一人仰卧,另一人分腿站在仰卧人的头两侧,双方互握对方的两脚踝,然后作连续的双人前滚翻或后滚翻。

④连续侧手翻。

⑤鱼跃前滚翻,可设置一定高度的障碍物。

⑥一人仰卧,另外两人各抓训练队员的一只脚,同时用力上提,使其翻转站立。

⑦前手翻、头手翻、后手翻,团身后空翻。

⑧跳马、跳上、挺身跳下,分腿或屈腿腾越,直接跳越器械,跳起在马上做前滚翻。注意安排一名教练或队友在旁边做好保护。

⑨在低单杠上做翻上、支撑腹回环、支撑后摆跳下、支撑摆动向前侧跳下等简单动作。

⑩在低双杠上做肩倒立、前滚翻成分腿坐、向前支撑摆动越杠下、向后摆动越杠下等简单动作。

(5)跳绳项目训练。

①"扫地"跳跃。将绳握成多段,从下蹲姿势开始,将绳子做扫地动作,两脚不停顿地做跳跃训练。

②前两摇一跳。前摇两次或三次,跳一次。

③后两摇一跳。后摇两次,跳一次。

④交叉摇绳。两手交叉摇绳,每摇2次,单足或双足跳长绳一次。

⑤集体跳绳。两名队员摇长绳子,其他队员连续不断地跳过绳子。每人应在绳子摇到最高点时迅速跟进,跳过绳子,并快速跑出。

⑥双人拉手跳绳。集体跳绳中,每两名队员手拉手跳3~5次后快速跑出。

⑦走矮子步。即教练与一名队员将绳拉直,并把高度适当降低,要求其他队员在绳子下走矮子步和做滑步动作,规则是队员的身体不能触碰到绳子。

⑧跳波浪绳。即教练与一名队员双手握一根长绳,并把绳子上下抖动成波浪

形，队员必须敏捷地从绳子上跳过，谁碰到绳子与摇绳者交换。

⑨跳蛇形绳。教练与一名队员双手握一根长绳，并把绳子左右抖动，使绳子像一条蛇在地上爬行，数个队员在中间跳来跳去，1分钟内触及绳子最少者为胜。

⑩跳粗绳。教练双手握一根粗绳，队员围成一个圆圈站立，当教练握绳做扫圆动作时队员立即跳起，目标是极力避免触及绳索。

第五章

警务实战体能训练

根据警察职业需要，警察院校或公安机关往往会开设一些具有较强专业性的实战体能训练课程或活动，常见的有越障训练、攀爬速降训练、水上救生训练、武装越野训练等。通过这些警务实战体能训练，有利于促进警察体能素质的提升和警察专业技能的增强，为完成执法任务打下良好基础。本章主要对这几类警务实战体能训练项目进行分析，为警察体能训练提供科学指导。

第一节 越障训练理论与方法

一、警察越障训练概述

越障训练是公安院校和警察训练机构实施安排的一项警察体能训练项目，是警察实战体能训练的重要内容。通过越障训练，可以锻炼与增强警察的运动技能，如奔跑、攀爬、跳跃、钻爬、支撑平衡等，这些也是警察在警务执法行动中不可或缺的专业能力。这些能力的锻炼不仅有助于促进速度素质、灵敏素质、协调素质、耐力素质等身体素质的提升，还可以整体提升警察的警务体能水平，同时培养警察勇敢顽强、坚持不懈、迎难而上的意志品质。进行长期系统的专业越障训练，不仅有利于警察顺利完成行动或任务，还能预防受伤，保障人身安全。因此，在警察实战体能训练中不能忽视越障训练，要合理安排越障训练和其他专业训练的比例，提高综合训练效果。

越障训练不但能够增强警察的专业体能、实用技能，也能对警察良好的思想作风、纪律意识、团结精神、意志品质等进行培养，从而全面提升警察的警务执法战斗素养。警察在专业越障训练中遇到的地形环境比较复杂，人为障碍物的设置也增加了训练难度，要在艰险的地形环境和复杂的障碍物中成功通过，就必须掌握越过障碍物的基本技能。越障训练的基础是基本体能训练，主导是相关攀爬、翻越技能训练，训练中警察的情绪体验往往比较强烈，意志努力也较为明显，对全面提升警察的身心素质、增强运动能力和专业技能具有重要意义。

概括而言，警察越障训练的作用如图5-1所示。

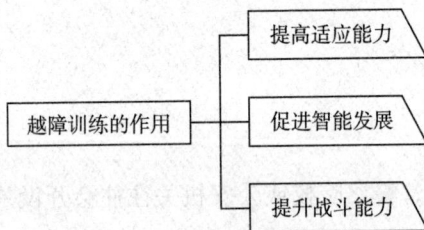

图5-1　警察越障训练的作用

二、警察越障训练的内容

警察越障训练的内容比较多，不同训练内容具有不同的侧重，对训练者也有不同的要求。越障训练内容难度不一，在训练中要循序渐进，由易到难。要根据警察的实际情况安排不同的训练内容，巧妙组合越障训练内容，或设计新的动作，提高训练的趣味性，提升警察训练的积极性和效果，通过训练切实提升警察的越障技能水平，培养良好的心理素质。

下面简要介绍警察越障训练的主要内容（如图5-2所示）。

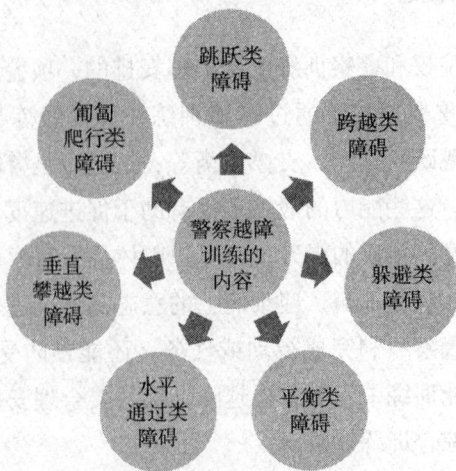

图5-2　警察越障训练的内容

（一）跳跃类障碍

1. 练习目的

主要发展下肢爆发力，促进受训警察身体应变能力的提升和动作敏捷性的增加。

2. 主要项目内容

跳跃平台、跳跃壕沟、连续跳跃低杠。

（二）跨越类障碍

1. 练习目的

促进受训警察跨跃能力的提升、身体动作灵敏性的增加，培养勇敢果断的意志品质。

2. 主要项目内容

跨跃矮墙、跨跃栅栏、跨跃隔离桩等。跨跃的方式主要有以下三种。

第一，单脚踏蹬跨跃。

第二，手脚支撑跨跃。

第三，腾空跨跃。

（三）躲避类障碍

1. 练习目的

促进受训警察变向跑能力的提升和躲避类动作灵敏性的增加，提升对各种障碍物的快速躲避能力。

2. 主要内容

将若干木桩或木栏摆成曲径的样式，间隔距离没有规律，训练时要先观察场地，选好路线，然后从这些障碍物中顺利通过，不能触碰到障碍物。

（四）平衡类障碍

1. 练习目的

促进受训警察身体平衡控制能力的提升，同时锻炼警察心理素质。

2. 主要内容

在沟渠或其他水面上构架圆木、横梁等平面物体，受训警察站在障碍物上保持平衡快速通过。

（五）水平通过类障碍

1. 练习目的

锻炼受训警察手臂速度力量和肌肉耐力。

2. 主要内容

平行吊越横梯等、平行攀爬绳索等。

（六）垂直攀越类障碍

1. 练习目的

促进受训警察攀爬技能的提升和身体灵敏性的增加。

2. 主要内容

攀登垂直柱（或直梯）、攀爬垂直绳索、攀越栅栏（或高墙）等。

（七）匍匐爬行类障碍

1. 练习目的

提升受训警察快速前行能力和隐蔽技能。

2. 主要内容

设置若干低横杠，钻爬通过；从低桩网下匍匐通过等。

三、警察越障训练的方法

（一）100 米障碍训练

警察训练的 100 米障碍场地一般全程设置 7 个障碍物，从起跑开始，依次通过障碍物，顺序如图 5-3 所示，最后达到终点。

钻越洞孔 → 攀越高墙 → 通过独木桥 → 通过跳台 → 跑越矮墙 → 跨越壕沟 → 绕越木桩

图 5-3　100 米障碍训练

1. 钻越洞孔

向洞孔跑进，距离洞孔 60 厘米左右时钻越洞孔，方法为一腿膝关节弯曲作为支撑腿，另一侧腿上举至体前，身体前俯，伸头，两臂向前伸展，非支撑腿、上肢、头同时从洞孔钻过。钻过的一侧腿随即着地支撑身体重心，同时挺身，屈膝腿向前提拉从洞孔钻过，继续前进。

2. 攀越高墙

以挂钩攀越为例。向高墙跑进，距离 1 米左右时，一脚蹬地支撑，另一腿膝关节弯曲向上抬，前脚掌蹬上高墙，利用助跑时身体向上的惯性冲力攀高墙，双手在高墙上缘紧紧抓住，身体右转，右腿摆动到前上方，后脚跟将高墙上缘钩住，此时右腿和上肢为主要发力部位，身体借助这个力向上翻转，翻上高墙时左手换握，身体向下压，右手同时向下移动，对高墙施力以便向右转体，然后从高墙上跳下，继续前进。

3. 通过独木桥

向斜板跑进，相距一定距离时，一脚蹬地支撑，身体顺势跃起，另一腿向前上方摆动，前脚掌踩在斜板中上部位置，支撑脚迅速抬起蹬在桥面上。在独木桥上走或跑都可以，练习时上体稍向前倾，稍屈膝降低重心，脚稍微向外张，手臂在体侧自然摆动，眼睛时刻看前方，注意身体要保持平稳。到达独木桥的终点端时，身体重心再降低一点，一侧脚先着地，另一侧随即跟上，继续前进。

4. 通过跳台

以双手支撑通过为例。向高台跑进至间隔一定距离时，双手手掌按在高台上缘位置，稍屈膝向上跳起，手臂支撑乏力，身体跃起并前倾，一侧腿屈膝跪在高台上，然后起身向前迈一步，一脚蹬踏在低台面中部位置，另一脚随即向前踏进并着地缓冲，继续前进。

5. 跑越矮墙

以一手支撑跳越为例。向矮墙跑进，距离 1.5 米左右时，一侧腿用力蹬地向上起跳，身体跃起，另一腿随即摆向侧前上方，异侧手手掌按在矮墙上缘，手臂发力支撑身体到达矮墙上方，此时稍含胸收腹，起跳腿膝关节弯曲迅速提起越过矮墙。与此同时，支撑手发力推离矮墙，上体稍前倾，摆动腿向前摆动着地，继续前进。

6. 跨越壕沟

向壕沟跑进，距离 30 厘米左右时，一腿蹬地支撑向上跃起，身体顺势向上并稍向前倾，另一腿向前摆动跨过壕沟。两臂在体侧自然摆动。

7. 绕越木桩

以单脚斜跨绕越为例。向第一根木桩跑进，相距一步左右的距离时停下来，重心降低，此时左脚在后，右脚在前。左脚向左侧前方跨出一大步，稍向左转体，右脚跟上，然后右脚向右前方跨出一大步，从第一根木桩旁绕过。按同样的方法依次绕过所有木桩。

（二）300 米障碍训练

在警察的 300 米障碍训练中，全程一般设置 14～20 个障碍物。先从起跑开始，然后依次通过障碍，顺序示例如图 5-4 所示，最后到达终点。

| 通过下水道 | → | 荡越水池 | → | 翻越轮胎墙 | → | 通过独木桥 | → | 通过楼层 | → | 斜绳滑下 | → | 翻越高栏 |

| 通过圆形洞 | → | 攀越高板 | → | 连续越过矮墙 | → | 通过悬梯 | → | 通过斜墙壕沟 | → | 翻越高墙 | → | 通过低桩网 |

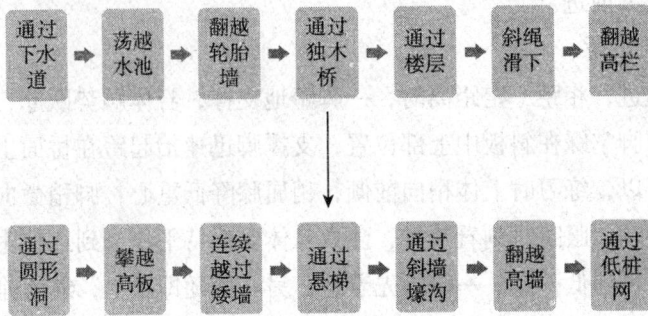

图 5-4　300 米障碍训练

1. 通过下水道

向下水道入口处跑进，距离 1~1.5 米时，俯身，两手放在入口边沿支撑，收腹、屈膝跳下，钻进水道，手脚着地匍匐前进。从下水道出来之后起身纵跳，双手放在井口外沿撑住，身体借手臂的支撑力悬垂，然后稍微向前移，大腿屈膝向上收，两脚前后分开在井边沿位置蹬踏，手脚同时用力迅速离开井口，继续前进。

2. 荡越水池

跑到水池边的单绳前时，俯身，伸出手臂将单绳牢牢抓握，然后往回拉单绳，两手上下分开抓绳，然后下肢用力蹬地，身体顺势向后方跃起，根据惯性原理，身体向后达到一定高度后会向前荡，从水池上越过。身体全部通过水池后才能松手，落地后屈膝保持重心稳定，身体平稳后马上加速继续前进。

3. 翻越轮胎墙

向轮胎墙跑进，距离 60 厘米左右时，双手将轮胎的内沿抓住，脚蹬轮胎向上爬，手脚并用，相互配合，身体与墙面要贴紧，不要向后仰。到达顶端后，一侧手臂穿过横梁底下将其抱紧，身体顺势从横梁越过，另一侧手臂尽可能向下找到轮胎墙的连接绳索然后紧紧抓住，身体从横梁上翻下，沿轮胎手脚配合快下，到达适当高度时跳下，继续前进。

4. 通过独木桥

向斜板跑进，相距一定距离时，一脚蹬地支撑，身体顺势跃起，另一腿向前上方摆动，前脚掌踩在斜板中上部位置，支撑脚迅速抬起蹬在桥面上。在独木桥上走或跑都可以，练习时上体稍向前倾，稍屈膝降低重心，脚稍微向外张，手臂在体侧自然摆动，眼睛时刻看前方，注意身体要保持平稳。到达独木桥的终点端时，身体重心再降低一点，一侧脚先着地，另一侧随即跟上，继续前进。

5. 通过楼层

向楼层跑进，距离 50 厘米左右时停下，纵身跳起，双手迅速抓住突出部位，两脚迅速蹬踏窗沿，利用四肢发力跃上第一层窗台，按同样的方法跃上第二层，然后从窗台上翻过。下落时，双手在第二层窗台边沿抓牢，身体与墙面紧紧贴在一起，上肢充分伸直，下落到适当高度时松手跳下，转体继续前进。

6. 斜绳滑下

向软梯处跑进，然后手脚并用、协调配合攀爬软梯，到达顶端后在横杠上坐稳，挂在斜绳上挂好钩子，双手将挂钩握住，手用力拉起身体，两脚并拢、收腹向下滑，脚着地后手松开继续前进。

7. 翻越高栏

跑到高栏前，一脚蹬在底杠上支撑重心，身体跃起，手臂伸展将顶杠抱紧，同时支撑腿膝关节弯曲向前上方抬直至挂在顶杠上，身体借助四肢的力和腹部力量翻上顶杠，然后快速下潜，挂顶杠腿的同侧手移动到将中杠握住，手用力推杠跳下，继续前进。

8. 通过圆形洞

向圆形洞跑进，一手放在洞外侧上沿抠住，另一手放在洞墙上沿抠住，纵身跳跃从圆形洞穿过。穿过后，脸朝上，坐在洞墙下沿内侧，双脚着地时，双手推墙、转体、脸朝下。这时与前进方向是背对的，身体从圆形洞中完全钻过之后再面对前进方向继续前进。

9. 攀越高板

向高板方向跑进，距离 50 厘米左右时，双脚蹬地，身体跃起，双手将高板上沿抓握住，手臂发力使身体在高板处支撑。一腿膝关节弯曲，脚向上踏在高板上，此时是单手单脚的斜支撑姿势，然后另一腿上提、内收、前伸，从高板上跳下，继续前进。

10. 连续越过矮墙

向矮墙方向跑进，距离 1 米左右时，一脚蹬地起跳，同侧手在矮墙上沿处抓握支撑，另一侧腿摆动到侧上方，前脚掌在矮墙上支撑，起跳腿从摆动腿下上摆内收，越过矮墙并跳下，身体平衡后继续跑进。

11. 通过悬梯

向悬梯前跑进，两脚蹬地跃起，双手在第一阶梯处抓握，手臂支撑使身体悬垂，而后两手、两脚交替向上移动，手脚协调配合依次攀阶梯，到达另一端时双手松开跳下，继续前进。

12. 通过斜墙壕沟

跑到斜墙处时，屈膝降低身体重心，上体前倾攀斜墙，到达顶端时，深蹲面向壕沟跳下。然后再蹬地跳起，双手在壕沟上沿处悬挂支撑，一侧脚提起跳上沟沿，保持单手单脚斜支撑姿势，另一侧腿上摆、内收、前伸跳下，然后继续前进。

13. 翻越高墙

方法可参考攀越壕沟（向壕沟跑进，距离 30 厘米左右时，一腿蹬地支撑向上跃起，身体顺势向上并稍向前倾，另一腿向前摆动跨过壕沟。两臂在体侧自然摆动）。因为墙比较高，可以利用绳索完成训练。

14. 通过低桩网

向低桩网方向跑进，距离 2 米左右时，一脚向前迈一大步，屈膝俯身，两臂向前下方伸展，手掌撑在地上，脚蹬地发力，身体从网下钻入匍匐前进，肘关节弯曲并外张，注视目标方向，手脚协调用力，交替前进，从低桩网钻出后，继续前进，向终点冲刺。

（三）400 米障碍训练

警察 400 米障碍训练场地由两部分组成，即 100 米、1.22 米宽的平地跑道和 100 长、2.22 米宽的障碍跑道，训练时要往返跑，共 400 米。障碍有 7 组，数量共 14 个，训练设施主要有木桩、壕沟、矮墙、高板跳台、独木桥、高墙等。训练时，先平跑 100 米，然后转弯进入障碍跑道，按图 5-5 的顺序依次通过障碍物，再平跑 100 米到达终点。

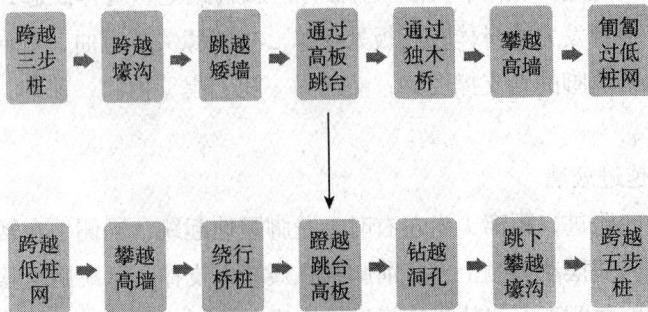

图 5-5　400 米障碍训练

1. 跨越三步桩

向起跨线跑进，到达起跨线前时一脚向前迈一大步，前脚掌蹬踏第一根桩面，随即后脚向前迈一大步，同样是用前脚掌踏前面的桩面（第二根），当下后脚再迈步向第三根桩面，另一脚蹬离桩面向前迈步停在端线前，继续前进。

2. 跨越壕沟

向壕沟跑进，距离 30 厘米左右时，一腿蹬地支撑向上跃起，身体顺势向上并稍向前倾，另一腿向前摆动跨过壕沟。两臂在体侧自然摆动，继续前进。

3. 跳越矮墙

练习方法主要有单手单脚支撑跳越、单手支撑跳越、踏蹬跳跃。以踏蹬跳跃为例，方法可参考 300 米障碍跑中的跳跃高墙，即向矮墙方向跑进，距离 1 米左右时，一脚蹬地起跳，同侧手在矮墙上沿处抓握支撑，另一侧腿摆动到侧上方，前脚掌在矮墙上支撑，起跳腿从摆动腿下上摆内收，越过矮墙并跳下，身体平衡后，继续前进。

4. 通过高板跳台

攀上高板的方法包括以下两种。

立臂撑上：两腿同时蹬地起跳，两臂撑于高板上缘，身体收腹踏上高板。

挂臂攀上：一腿蹬地起跳，同侧手在高板上缘远端紧紧攀住，利用手脚的合力使身体翻上高板面。

跳下时，上体前倾，两脚依次向前下迈步，脚掌踏于低台中部，踏低台腿迅速向前迈步跑进。

5. 通过独木桥

向斜板跑进，相距一定距离时，一脚蹬地支撑，身体顺势跃起，另一腿向前上方摆动，前脚掌踩在斜板中上部位置，支撑脚迅速抬起蹬在桥面上。在独木桥上走或跑都可以，练习时上体稍向前倾，稍屈膝降低重心，脚稍微向外张，手臂在体侧自然摆动，眼睛时刻看前方，注意身体要保持平稳。到达独木桥的终点端时，身体重心再降低一点，一侧脚先着地，另一侧随即跟上，继续前进。

6. 攀越高墙

可参考 100 米障碍训练中的挂钩攀越高墙的方法：向高墙跑进，距离 1 米左右时，一脚蹬地支撑，另一腿膝关节弯曲向上抬，前脚掌蹬上高墙，利用助跑时身体向上的惯性冲力攀高墙，双手在高墙上缘紧紧抓住，身体右转，右腿摆动到前上方，后脚跟将高墙上缘钩住，此时右腿和上肢为主要发力部位，身体借助这个力向上翻转，翻上高墙时左手换握，身体向下压，右手同时向下移动，对高墙施力以便向右转体，然后从高墙上跳下，继续前进。

7. 匍匐通过低桩网

向低桩网方向跑进，距离 2 米左右时，一脚向前迈一大步，屈膝俯身，两臂向前下方伸展，手掌撑在地上，脚蹬地发力，身体从网下钻入匍匐前进，肘关节弯曲并外张，注视目标方向，手脚协调用力，交替前进，从低桩网钻出后，两臂伸展撑起上体，继续前进。

8. 跨越低桩网

一侧脚蹬地前移从第一根网线上跨过，后脚蹬地，小腿外翻从第一根网线上绕过，按同样的方法摆动跨过其他网线，继续前进。

9. 攀越高墙

与通过第六个障碍物相同。

10. 绕行桥桩

膝关节弯曲、俯身，右腿向前迈步，左手将第二柱扶好，上体内倾，左腿从第二柱绕过后迈向第三柱前方，按同样的方法依次绕过所有桥柱，继续前进。

11. 蹬越跳台高板

单脚蹬地跳起，另一腿膝关节弯曲并向上抬，上体稍前倾，双手在台面上撑扶着。蹬地脚踏在低台处，后腿向前上方摆动踏在高台处。屈体向前移，双手用力推板跳下，继续前进。

12. 钻越洞孔

一侧腿膝关节弯曲蹬地支撑，身体前倾、伸头，腹部向大腿靠拢，向前伸展手臂，头和四肢同时从洞孔中钻过，继续前进。

13. 跳下攀越壕沟

膝关节弯曲、俯身，单手手掌着地支撑，跳下壕沟，迅速蹬地跃起，双手在壕壁上缘处抓牢支撑。一腿膝关节弯曲向上抬，跪在壕壁上缘，另一腿向上提，向前迈步跑进。

14. 跨越五步桩

向越跨线跑进，右脚蹬地，左腿向前跨步后在第一桩面上落下，右脚向前侧方跨步后在第二桩面上落下，两腿交替跨越后面的步桩。

第二节　攀爬速降训练理论与方法

攀爬速降是警察在警务实战过程中征服各种障碍物的重要运动技能或警务能力，在解救人质、反劫持、反恐怖、救助百姓等行动中用途广泛。在警察实战体能训练中合理设置攀爬速降类训练内容，使警察对各种攀登、速降技术熟练掌握，从而不断提高攀爬和速降技能，这对警察在处理特定警务工作中及时采取行动、完成任务具有重要现实意义。

一、警察攀爬速降训练的内容

攀爬速降训练主要是做一些基础训练，先通过基础训练将攀登、速降技术掌握熟练，然后再向实战应用技能训练过渡，使所掌握的攀登、速降技术能够在实战中发挥作用，从而在危险关头能够救助相关人员或自救。之所以说基础训练很重要，主要还是因为实战应用是以基础技能为前提的，如果基础技能掌握得不牢固、不准确，那么在实战中很难发挥有效作用。其实，基础训练和实战应用也是分不开的，实战应用中也可以融入基础训练，基础训练也可以结合实战需要去安排，二者存在内在联系，整体上构成了攀爬速降训练的完整模式。攀爬速降训练的内容大概包括以下三种（图5-6）。

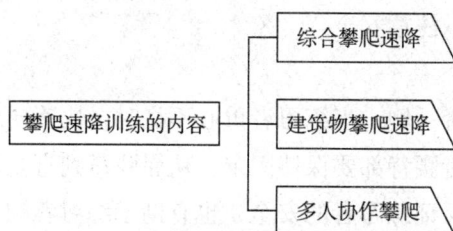

图 5-6　警察攀爬速降训练的内容

（一）综合攀爬速降

综合性攀爬速降主要是攀爬自然障碍物，如攀登吊绳、软梯、立柱后速降，或从水平梯或横梯上悬垂通过等。

（二）建筑物攀爬速降

这类训练主要是攀爬建筑类或人为障碍物，如攀爬水管、阳台，利用绳索下降等。

（三）多人协作攀爬

多人协作攀爬需要若干人协同完成任务，至少两人协作，协作人数的多少根据攀爬难度和障碍物的具体情况而定。

二、警察攀爬低层建筑物训练方法

攀爬围墙、平房、高台等都属于攀爬低层建筑物，这些建筑物的共性是高度低，结构不复杂，可以徒手攀登，或搭人梯进行攀登。下面分析常见的几种低层建筑物攀爬训练方法。

（一）搭人梯攀爬训练

以一搭一的攀登为例。

1. 训练方法

协助者在与墙相距 20~30 厘米的位置面墙而立，两腿分开大约同肩宽，屈膝下蹲，屈臂用手扶墙；练习者两脚依次踏在协助者两肩上，双手扶在墙壁上，从屈膝蹲到慢慢站起，目视前方。然后协助者收腹，身体慢慢直立，耸肩；练习者借协助者耸肩的力，双手抓住房檐或其他突出的地方，接着引体向上或立臂支撑，同时一脚向建筑物顶端移动。此时搭人梯攀爬的练习就完成了，按照前面过程的相反顺序还原，如果不高，直接跳下即可。

2. 训练要求

动作快速、协调，注意安全。

3. 保护与帮助

保护者站在练习者一侧，当练习者重心不稳时，快速向前用手扶其腰背，避免练习者跌落。协助者腰背部要保持固定，从屈膝蹲到直立的过程身体各部位要平稳用力，这样更能保证练习者的安全，也有助于练习者顺利完成攀爬。

（二）窗口攀爬训练

1. 训练方法

练习者双手将窗楣紧紧抓住，一脚蹬窗台，另一脚向上蹬窗侧，同时两手去够房檐并抓住，手臂伸展向上引体，两脚蹬窗口两侧，挂臂支撑攀上房顶。

2. 训练要求

动作迅速、连贯，手脚并用、协调配合。

3. 帮助与保护

保护者在练习者一侧扶支撑脚向上托送。

（三）搭杆攀爬训练

1. 训练方法

将木杆搭在屋檐上，杆与地面的夹角为 70°~80°。练习者面向外，两手上下分开将木杆牢牢抓握，屈膝，两脚将木杆夹紧；接着手臂用力做引体向上，两腿交替上移，接近屋檐时，转身攀上屋檐。

2. 训练要求

搭木杆要固定好，选好角度，动作快速、连贯，双手、双脚协调配合。

3. 保护与帮助

保护者站在练习者身后扶其臀部向上托送。

三、警察攀爬高层建筑物训练方法

高层建筑物的攀登一般是在借助辅助设施和使用器械的条件下，采用各种徒手攀登技术和利用攀登器材的方法进行个人或两人以上相互协作、配合攀登建筑物。虽然现代的楼房建筑各异、高度较高、不易攀登，但一般的楼房辅助设施较多，如阳台、窗台、雨漏管、避雷针、天井等突出部位。因此，可以充分利用这些凸出部位和辅助设施，灵活地采用合理、有效的攀登方法进行高层建筑物的攀登。攀登高层建筑物的辅助器械有挂梯、绳、升降器、挂钩、直杆等。

（一）借助辅助设施的攀爬训练

1. 利用窗台徒手攀登

（1）训练方法。攀登者两手附着窗台，脚蹬手扒，使身体向上移动；接着一脚踏蹬窗台将身体支起，手扣窗楣，用力拉引，使身体上移；随后两脚分开踏蹬窗户两侧成立臂支撑，一脚踏蹬窗楣，将身体支起，一手扣住二楼窗台，两脚踏在一楼窗楣上；然后，可按此方法依次向上攀登。再按照向上攀登的相反顺序攀下。

（2）训练要求。攀登时身体不要后仰，手抓、脚蹬部位要准，手扣、脚踏动作协调配合，训练前应检查保险绳是否牢固，加强安全保护措施。

（3）保护与帮助。保护者位于高点窗台，牵拉套在练习者腰部的保险绳，以避免练习者向上或向下攀登时出现脱落。

2. 利用阳台徒手攀登

（1）训练方法。攀登者用双手抓住阳台固定物，拉臂引体使身体向上翻起；接着一手抓住护栏杆，一脚踏在阳台上缘，支撑起立。攀下按照向上攀登的相反顺序进行。

（2）训练要求。抓牢有效固定物，手脚动作配合协调，加强安全保护措施。

（3）保护与帮助。保护者位于高点阳台，牵拉套在练习者腰部的保险绳。

（二）利用攀登器材的攀爬训练

1. 利用绳索攀登

（1）训练方法。面对绳索（墙壁），两臂弯曲，两手上下紧握绳索；两腿左右分开（与肩宽）稍弯曲，将绳索置于两腿之间，脚蹬墙壁或突出物；接着屈臂拉引绳索两手依次向上换握，两脚交替踏蹬墙壁，使身体向上移动。攀下按照向上攀登的相反顺序进行。

（2）训练要求。手脚并用协调，攀登快速，加强安全保护措施。

（3）保护与帮助。保护者在练习者身上加挂保险绳，高度注视攀登者的攀登动作。

2. 利用撑杆攀登

（1）训练方法。协助者先将撑杆上端插入上一层阳台栏杆内，再用手把撑杆下端紧固该层阳台；攀登者由下一层阳台开始，两手抓握直杆，两腿微屈，用两膝和两脚夹杆；接着屈臂引体，两腿蹬伸，手脚依次向上换握移动攀至上一层阳台；随后攀登者将撑杆抽出，将撑杆下端插入下一层阳台的栏杆内，再把撑杆上端紧固在该层阳台；协助者再由下一层阳台攀杆至上一层阳台。两人协同配合，依次交替上攀。攀下按照上攀的相反顺序进行，或者从楼梯返回。

（2）训练要求。撑杆上、下端要固定牢靠，攀登时尽量减少晃动，配合默契，加强安全保护措施。

（3）保护与帮助。在练习者的身上系上保险带，高度注视攀登者的攀登动作。

四、警察速降、下滑训练方法

速降、下滑训练方法是利用绳索和一些攀登器材，在高层建筑物、楼梯或不便于走下的坡道上所采取的迅速、准确到达地面的一种方法。它便于单独行动和集体行动。下滑方法也可以作为观察和攻击的手段，可以分为以下几种。

（一）牵引横越

1. 向上横越

将主绳的一端用锚钩固定在攀爬建筑物上，另一端在起始攀爬的适当位置拉紧固定。身体俯卧绳上，双手前后抓绳，一腿使主绳通过腹股沟并用脚腕扣住绳索，另一腿下垂做钟摆运动（控制平衡）；两手拉绳使身体向高处移动，必要时可用盘绳腿辅助攀爬。

2. 向下横越

将主绳的一端在楼上固定，另一端在楼下适当位置拉紧固定。一手握保护锁（或将胸前或背后的保护锁挂在绳索上），顺斜绳下滑。当接近地面时，收腹展腿，按先脚跟后脚掌的顺序着地。

注意下滑时，为控制身体旋转扭动，可利用保护锁与绳索的摩擦部位调整身体旋转。

（二）单环结下降

以利用铁锁下滑（单环结跳下）为例。将主绳一端在楼上固定，另一端携带（抛至楼下）。将绳索与铁锁在胸（腹）前打一单环结，两手在单环结上下紧握绳索，两脚分开略宽于肩蹬墙，两腿与墙略成90°，利用两脚的蹬力使身体外展，同时两手微松绳索，使身体外荡下滑并保持准备姿势。当身体到达落点时绳结下方手握紧绳索，使身体停止下滑，两脚按脚尖至全脚掌的顺序蹬墙并用大腿的力量缓冲。按此方法依次下滑。

（三）走壁下降

1. 直身走壁下

将主绳的一端在楼上固定，另一端携带（抛至楼下）。系保险带、戴手套，将主绳从"8"字环大环内由上至下穿过，挂于小头，扣在背后的锁具上（或在锁具内绕一单环结），一手握绳，背向楼，两脚分开与肩同宽，并用脚掌后三分之一踩墙，身体挺直，渐松绳使面部向下，身体与墙面垂直。屈蹬墙，同时放松绳锁，沿墙面直身走下。当接近降落点时，握绳手收于胸前，收腹屈膝，着落缓冲。

注意身体要与墙面垂直，面冲下，两腿不能弯曲过大，迈步与松绳要协调一致。

2. 屈身走壁下

同直身走壁下，不同之处在于行走时身体弯曲。

（四）飞身下降

"飞身下降"是快速下降的一种方法。将主绳的一端在楼上固定，另一端携带（抛至楼下）。系保险带、戴手套，将主绳从"8"字环大环内由上至下穿过，挂于小头，扣在背后的锁具上（不用"8"字环时将下降绳在锁具内绕一单环结），一手握绳，背向楼，两脚分开与肩同宽并用脚掌后三分之一踩墙，身体挺直，渐松绳使面部向下，身体与墙面垂直。屈膝蹬墙，同时放松绳锁，使身体做抛物线运动，当需要停留或需要做第二次蹬跃时，主握手握紧绳索停止下降，同时两脚接墙屈腿缓冲。依次继续动作。当接近降落点时，握绳手收于胸前，收腹屈腿，着落缓冲。

（五）侧身下降

按"走壁下降"准备动作系好绳锁，身体一侧向下，与墙面垂直，握绳手伸直，另一手握绳锁连接部上段绳索（不过分用力）。两脚用力蹬墙，同时主握绳手松绳，使身体荡离墙面并保持挺直的姿势，以自由落体式下滑，到达预定位置后主握绳手紧握绳索，屈膝缓冲并作第二次蹬跃。到达停止点时，主握绳手收于胸前，同时收腹含胸屈膝缓冲。

注意蹬墙、松绳要同时进行，腾空时身体要挺直，不能屈腿、勾头、弯腰。

（六）倒滑下

将主绳的一端在楼上固定，另一端携带（抛至楼下）。系保险带、戴手套，将主绳从"8"字环大环内由上至下穿过，挂于小头，扣在背后的锁具上（或在锁具内绕一单环结），一手握绳，背向楼，两脚分开与肩同宽，并用脚掌后三分之一踩墙，身体挺直，渐松绳使头部向下，身体与墙面平行，两腿交叉将绳索夹于两腿中间。持握绳索手半松绳身体利用重力下降，当到达停止点时，持握绳索手臂握紧绳索并收于胸前，同时收腹含胸屈腿着地缓冲。

第三节　水上救生训练理论与方法

公安民警掌握游泳技术与水上救护方法，是公安工作的需要，是公安民警必须具备的警务技能。

一、水上救生训练的基本原则

（一）优先进行岸上救生

在不入水也可以实施救助的情况下优先考虑岸上救生，警察在岸上视野开阔，对观察水域情况和锁定救援目标很有帮助，救援的准确性和成功性更高，这样可提高救援效率，为抢救落水者争取更多的时间。

（二）优先使用器材救生

在有器材的情况下尽量使用器材进行救生工作，这样对落水者的救助比徒手救生更加快速、安全、有效，同时能更好地保障救援者自身的安全。

（三）优先进行团队救生

尽可能和团队一起采取救援行动，不要单独行动，否则自身安全也会受到威胁。团队的智慧和力量都胜于个人，团队配合救助，成功率更高，更能够第一时间保障落水者的安全。

（四）先救有意识，后救无意识

落水者为多人时，若警力有限，那么先救助有意识的人，再对无意识的人实施救助。

（五）把握好水上救生细节

警察救落水者时要把握好一些细节，如图 5-7 所示。

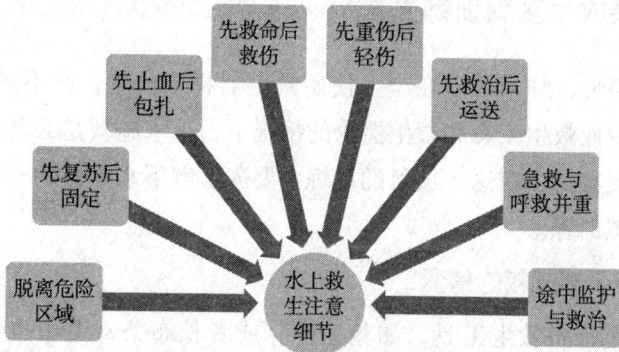

图 5-7　水上救生的细节

二、水上间接救生基础训练方法

（一）用救生圈救生

水上救生，尤其是游泳池救生中，最常用的工具就是救生圈。向溺水者抛投救生圈时，通常呈扇面范围，距离为 6 米左右。根据需要可将绳子系在救生圈上，也可以不系。

情况一：救生圈上若没有系绳子，抛投时要先观察溺水者距离自己有多远，然后初步判断风的方向和速度，再根据救生圈的重量用手抛向溺水者。

情况二：如果救生圈上系了绳子，抛投的方式和情况一相同，但要注意先把绳子捋顺，一手将绳子一端紧紧握在手中，另一手抛投，若要两只手抛掷，则用脚踩住绳子一端。溺水者将救生圈抓稳后，用力拉绳子向岸边拖，直至安全区域。

（二）用救生竿救生

进行水上救生时也常常会用到另一种专门的间接性救生器材——救生竿。最常见的是长 3 米左右、一端有固定橡皮圈的竹竿救生竿。使用救生竿救援时，递给溺水者有固定橡皮圈的那端，注意由下向上去递。

紧急情况下来不及在救生竿上固定橡皮圈时，用竿一侧对着溺水者肩部点击，力度小一些，不要将其戳伤（注意不要用救生竿对着溺水者的头部或其他部位敲击）。溺水者将竹竿抓稳后，用力拉救生竿另一端向岸边拖拽。

（三）用其他救生器物救生

在没有救生圈和救生竿的情况下进行紧急救援时，可以采用救生衣、长绳、球、长棍、木板、毛巾等物品进行救援，向溺水者抛掷救生器物，注意不要砸到溺水者。

三、水上直接救生基础训练方法

面对溺水事件，如果可以在岸上使用救生器物来救生，则不需要下水救援，但在没有任何专业救生工具和救生器物的情况下，下水施救是必要的。下水施救也就是水上直接救生，在这一项目的训练中要先了解下水施救的一些常识，然后再进行实战模拟训练。

（一）了解下水施救的常识

（1）下水前准备救生工具，如救生圈，或者长布条、毛巾也可以，但长度要足够，也要足够结实。

（2）下水施救时，尽可能避免被溺水者缠在身上，向溺水者正面游进后以仰泳姿势向后退，与溺水者保持一定距离。

（3）靠近溺水者后，将救生器物递给溺水者，两人各抓一端，施救者用力拖拽，将溺水者拉上岸。

（4）施救者要尽量防止自己的四肢或躯体被溺水者抓住，否则难以顺利实施救援行动，最终两个人都会有危险。

（5）情况紧急时，施救者可以用手去救援，主要在溺水者背后将其抓牢，一手放在溺水者下巴处，使溺水者尽量保持头向上，并与自己的头靠近，然后另一手将溺水者肩膀紧紧夹住，用力将其拉上岸。如果溺水者意识清醒，但情绪失控，十分惶恐，那么施救者要一边施救一边安慰，使溺水者尽快稳定情绪，这样更有利于配合救援。

（6）当溺水者失去意识时，一手托下巴使其保持仰面，防止呛水，在拖向岸边的同时不停地呼叫溺水者的名字或试图唤醒他。

（二）入水

入水的方式主要有以下几种：

1. 跨步式入水

一脚向前跨，另一脚趾紧扣池边，并用力蹬地，前脚呈弓步状态，在空中两腿一前一后呈弓步状，上身含胸前倾，两臂侧平举，肘部自然弯曲，掌心向前下方，入水时，两手向前下方抱压水。同时两脚做剪水动作，形成向上的合力。使头始终保持在水面上，在入水时眼睛始终不离目标。

2. 鱼跃浅跳式入水

起跳点应根据实际情况，可在池岸边或跑动中起跳。起跳是靠腿蹬离池岸，躯干同时用力伸直，两臂由下而上摆动入水。入水要浅，头部尽快出水面，捕捉施救目标。

3. 蛙腿式入水

目视溺水者，单腿或双腿蹬离池岸，跃起时两腿做蛙泳收腿动作，含胸收腹，两手侧平举，肘部自然弯曲，掌心向前下方。入水时，两腿向下做蛙泳蹬夹腿，同时两手臂向下抱压水，形成向上的合力，使头部始终保持在水面上。在入水时始终目视目标。

（三）接近

接近的方式主要有背面、正面和侧面三种。

1. 背面接近

这种方式最为常用。救生者游至溺水者 1 米处急停。然后，右手托腋，另一手从溺水者的左肩处夹胸托右腋。

2. 正面接近

救生者入水后，游至离溺水者 3 米左右处急停，下潜至溺水者髋部以下，然后双手扶溺水者髋部，将溺水者转体 180°，然后，右手托腋，另一手从溺水者的左肩处夹胸托右腋，或双手托腋控制溺水者。

3. 侧面接近

当溺水者尚未下沉，特别是两手在水面上挥舞挣扎时，较适合采用此方法。救生者游至溺水者 3 米处，有意识地转向溺水者侧面游近，看准并果断、利索地用同侧手抓握住挣扎中的溺水者手腕部，将溺水者拉向施救者的胸前。然后，右手托腋，另一手从溺水者的左肩处夹胸托右腋，或双手托腋控制溺水者。

（四）拖带

拖带溺水者一般有以下几种方式：

1. 夹胸拖带法（以左臂为例）

救生者左臂从溺水者的左肩上穿过，上臂和肘紧贴溺水者的胸部，左腋紧贴溺水者的左肩，左手抄于溺水者的右腋下，并以此作为拖带的用力点。在运送过程中，救生者的左髋要顶住溺水者的腰背部，保持水平位置，以便于拖带。救生者根据自己的特长，可采用蛙泳腿或侧泳腿技术。

2. 双手托颌拖带法

托住溺水者的颌骨处，使溺水者的口鼻始终保持在水面上，用反蛙泳技术游进。

3. 托枕拖带法

救生者托住溺水者的后脑（枕部），采用侧泳或反蛙泳技术游进。

4. 托双腋拖带法

救生者双手托住溺水者的双腋下，稍含胸收腹，用反蛙泳腿技术进行拖带。

（五）上岸

1. 扶梯上岸

将溺水者托运至梯前，搭在自己的右肩上，两手握住扶梯，稳步上岸。当溺水者的臀部够到池边时，慢慢放下，随后将右脚踏在池边上，右手托住溺水者的颈部，左手抓住扶梯，弯腰向前，慢慢将溺水者放倒，立即进行抢救。

2. 池边上岸

救生者用右手握住溺水者的右臂，并将其右手先放到岸边。随后用左手将溺水者的右手压在岸边，用右手和两腿的力量支撑上岸。然后，迅速用右手拉住溺水者的右手腕，再用左手拉住溺水者的左手腕，再将溺水者沉入水（头不要没入水中），借溺水者身体向上的浮力，把他提拉上来，并立即进行抢救。

第四节　武装越野训练理论与方法

一、武装越野简述

武装越野是在野外环境下以奔跑为主要活动形式的一个训练项目，可以单人训练，也可以集体训练，训练者必须携带相应的装备或武器。在警察专项体能训练中，武装越野是不可或缺的重要组成部分之一，通过这一训练，能够提高警察的野外环境适应能力、在恶劣环境下快速奔跑的能力以及携带装备快速行动的能力。此外，武装越野训练还有助于提升警察的身体机能水平，锻炼耐力和意志品质，提高团结互助意识，强化集体主义精神和集体荣誉感，并使整个团队形成良好的战斗氛围。

二、武装越野训练的内容与动作要领

（一）平地跑

手臂摆动和腿的后蹬动作类似于长跑，脚着地时，一般是先整个脚掌着地，然后迅速向前脚掌蹬地过渡。在路面坚硬的地面跑步时，往往是从脚掌外侧着地开始，然后向前脚掌蹬地迅速过渡。平地跑时，上体保持正直或稍向前倾的姿势，稍稍收腹，头部处于自然的放松状态，目视正前方。两臂前后摆动幅度小一些。

（二）沙地跑

在沙地上跑时，着地方式以全脚掌着地为主，脚掌轻轻落地，蹬地时不要完全伸直腿，保持稍小的步幅，但跑步动作频率宜快一些。

（三）草地跑

草地跑的动作基本类似于平地跑，前进过程中主要是用整个脚掌蹬地，目视前下方，避开乱草丛生、石块堆积和有洼坑的地方，防止脚被草缠住或被障碍物绊倒。

（四）田埂跑

在田埂地上走或跑步时，脚掌稍微向外撇，整个脚掌着地，重心宜低一些，步幅宜小一些，为保持身体平衡，需要张开双臂。

（五）上下坡跑

1. 上坡跑

上体向前倾，高抬腿，着地方式采用前脚掌着地，步幅要小一些。如果是在坡度较大的地方跑，跑步路线呈"之"字形。

2. 下坡跑

上体稍微向后倾斜，着地方式采用整个脚掌着地，也可以先让脚跟着地，然后向全脚掌着地过渡，在坡的最后一段距离也就是临近平地的一段距离要加速跑，注意不要高抬腿，步幅宜小一些，步子较轻快。

（六）树林中跑

在树林中跑步时一只手拨开树枝，另一只手放在脸颊前保护面部，以免被树枝划伤，尤其要保护好眼睛。与此同时，还要注意脚下是否有枯草和树根，尽可能绕着走，以免绊倒。

（七）冰冻地面跑

身体重心宜低一些，着地方式采用整个脚掌着地，注意不要高抬腿，步幅宜小一些，步子较轻快。

（八）雪地和沙漠跑

跑步时，身体重心宜高一些，上体接近挺直，高抬腿跑，全脚掌着地时轻一些，腿向后蹬时角度稍大一些，步子幅度不宜过大，跑步频率较快，手臂摆动幅度较大。

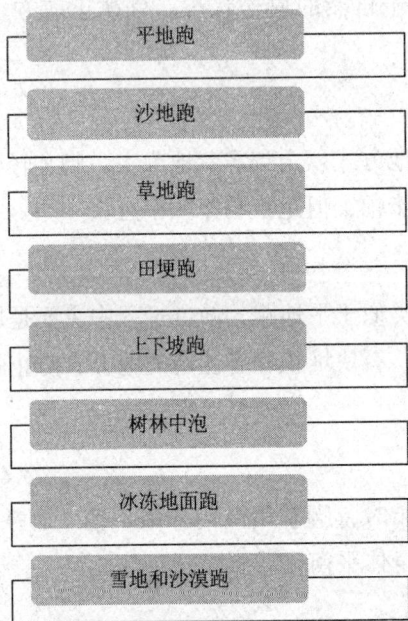

平地跑

沙地跑

草地跑

田埂跑

上下坡跑

树林中泡

冰冻地面跑

雪地和沙漠跑

图 5-8　武装越野训练的内容

三、武装越野训练要求

（一）技术动作

武装越野的跑步动作基本类似于中长跑，但体力消耗比单纯中长跑的体力消耗大，主要是因为武装越野跑的持续时间比较长，训练环境比较复杂，而且训练者携带装备增加负重。在武装越野训练中，不同的地形跑，采用的跑进方法是有区别的。下面总结几个武装越野跑的技术要点。

（1）地段不复杂时，全程跑步前进，地段复杂的情况下，走跑结合通过此路段。

（2）以协调、轻松的动作方式跑进，呼吸节奏保持平稳，跑速合理，与呼吸配合好。

（3）由于警察是在负重的情况下进行越野训练的，体力消耗大，所以在整个过程中要注意分配体力，跑时后蹬力量宜大一些，步幅小一些，步频快一些，适当降低身体重心，上体保持平衡，以平稳的状态前进，尽可能节约身体能量，延迟疲劳出现的时间。

（4）警察参与武装越野跑训练时，主要携带警棍、手枪等武器，为节约体力，两臂宜小幅度摆动，也可以只用一侧手摆动，另一侧手扶着装备，双手交换摆动，身体保持自然放松的状态。

（二）体力分配

警察武装越野训练中关于体力的分配要注意以下几点：

（1）警察在参与武装越野跑训练的过程中，应从地形复杂度、个人体能状态出发对全程所用的时间、不同路段各自的时间以及时间比例作出合理的计划，跑速也要合理分配与调整，一般情况下建议全程采用匀速跑。

（2）如果是以集体为单位进行武装越野训练，因为参与训练的警察比较多，不同警察的体能素质有所差异，所以更要注意体力的分配。教练员在其中起着重要作用，同时排头的作用也不可忽视。在安排集体队形时，教练员应该安排体能素质较好的警察在前排，体能素质比较差的警察排在队伍中间，体力最好的警察排在队伍后面，这样可以起到帮、带、扶的作用，体力差的训练者可以在他人的带领、督促下坚持跑完全程，争取不掉队。

（3）关于不同跑段的时间比例，教练员要从队伍的平时训练水平和实际情况考虑进行划分，计划好之后，要通报给队伍中的每个人，使大家心中有数，而且集体的跑速也要调整好。

（4）训练前教练员要做好动员工作，使参训者将自己的情绪调整好，基本准备工作做好，使全体人员以最好的状态参与训练，跑进过程中还要将不同体力的训练者之间的互助工作安排好。

（5）在集体行进中，排头的跑速要格外注意，必须控制好，不要时快时慢，否则整个队伍的节奏会被打乱。

（三）呼吸方法

武装越野训练还要特别注意呼吸的问题。由于这一训练项目运动负荷较大，氧需求量也比较大，如果掌握不好呼吸方法和节奏，很容易出现呼吸困难的情况。因此，呼吸节奏、呼吸与跑的协调从一开始就要重视起来。武装越野跑训练中呼吸方法包括以下要点：

（1）训练中，应该口、鼻同时呼吸，机体出现疲劳症状后，呼吸频率加快，呼吸深度加大，将二氧化碳充分呼出，保证氧气的快速供应。

（2）刚开始训练时，呼吸方法以三步一呼、三步一吸为主，也可以两步一呼、两步一吸。跑一段距离后，当机体处于疲劳状态或者出现呼吸困难时，就要调整呼吸方式，即一步一呼、一步一吸，从而加快呼吸频率，此时呼吸要以深呼、深吸为主。

（3）在越野训练过程中，身体机能的工作条件会发生变化，肌肉活动的需氧量增加，但氧供应滞后，到一定程度时，机体会有明显的症状，如胸闷、难以呼吸、步幅减小、跑速减慢，甚至无法继续跑，此时身体出现了"极点"现象，这种情况下不能完全停下来休息，仍要继续前进，但要在呼吸上作出调整，多作深呼吸，跑速适当减慢，以调整呼吸节奏，减轻呼吸困难的症状，当身体逐渐恢复时，可按原来的跑速继续前进。这非常考验警察的意志力，一定要坚持下去，不要半途而废。

（四）训练要循序渐进

循序渐进是武装越野跑训练的一项基本原则，这项训练应该长期安排、系统安排，避免突击训练，也不要在训练中突然将运动量、运动密度、运动强度调至很大，如果训练负荷超出人体极限，将造成严重的伤害事故。

（五）控制负荷

在武装越野训练中要注意控制好运动负荷，具体包括对训练时间、训练数量、训练难度和训练时心率的控制等几个方面。

1. 时间控制

规定一个时间，要求练习者在这个时间尽可能跑最远的距离。如 12 分钟跑多少米等。

2. 数量控制

一组训练中规定跑的距离，但对完成时间的限制比较宽松，如一组训练中要求跑 5 公里，用时 20 分钟内即可。

3. 增减难度

如果练习者耐力较强，那么适当增加练习难度，如改变身体某部位的姿势、增加负荷等。例如，为增加负荷，锻炼耐力，要求警察将一定重量的沙袋绑在腿上进行练习。

如果练习者耐力较弱，那么适当降低练习难度，如减轻负荷。例如，减轻警察身上携带的装备。

4. 心率控制

武装越野训练属于耐力性训练项目，体力差和体力强的练习者训练心率不同：

体力较差者：训练心率为 60%；

体力较好者：训练心率为 70%；

体力极强者：训练心率为 80%～90%。

训练心率的计算方法如下：

训练心率＝训练强度百分比×储备心率＋安静心率。

上述公式中储备心率的计算公式为：

储备心率＝最大心率（220-年龄）-安静心率。

四、武装越野训练方法

（一）准备活动

1. 一般准备活动

一般准备活动的内容比较简单，常见的有以下几种：

（1）热身跑。心率以120次/分为宜，跑至稍出汗即可。

（2）徒手操练习。徒手操练习主要包括头、肩、胸、臂、腰腹、腰背、踝关节、腕关节、膝关节等不同身体部位和关节的运动。常见的运动如图5-9所示。

（3）柔韧性练习。柔韧性练习主要有压腿、压肩，活动髋、腕、踝关节等方式。

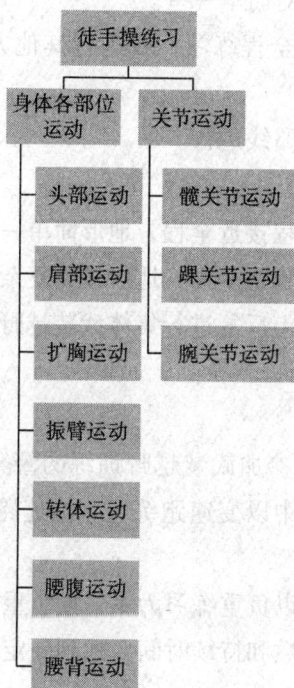

图5-9 徒手操练习内容

2. 专项准备活动

在一般准备活动的基础上做下列专项准备活动：

（1）原地摆臂。

（2）短距离放松大步跑。

（3）中速跑练习。

（4）一定距离的高抬腿。

（5）一定距离的后蹬跑。

（二）训练方法

先掌握中长跑技术动作，然后进行专业的武装越野跑训练，训练时从徒手越野跑逐渐向武装越野跑过渡。

1. 徒手越野跑

（1）中等距离练习，地形简单一些。

（2）全程练习，地形复杂一些，体会不同路段跑的动作要领。

（3）中等距离或全程上下坡跑。

（4）全程练习，按规定路线进行。

2. 武装越野跑

（1）全程练习，地形相对简单一些。

（1）携带专业装备进行全程练习，或进行其他方式的负重全程跑练习，地形较复杂。

（3）全程练习，按规定路线进行。

3. 集体徒手/武装越野跑

（1）集体徒手练习，路程接近全程，地形简单一些。

（2）集体徒手练习，路程为全程，地形较为复杂。

（3）在较为复杂的地形上反复进行集体武装越野跑练习。

（4）按规定路线练习。

4. 专项体能训练

（1）速度和力量练习。参加武装越野训练的警察要具备良好的专项力量和速度素质，在专项速度训练中以变速跑练习、加速跑练习为主，练习距离稍长，或练习组织较多。

进行专项力量练习时，以负重练习为主，如负重弓步走、负重半蹲跳，练习重量可以轻一些，但练习组数和持续时间要达到一定要求，而且动力性练习的距离可适当增加。

需要注意的是，在专项力量练习中不要长时间对某一肌肉或关节施加负荷，以免造成组织损伤。下肢专项力量练习一周以一次为宜，将腰背部专项力量练习和手臂专项力量练习穿插其中，提高身体负重能力。

（2）耐力训练。通过专项耐力训练，能够使警察的有氧代谢能力得到提升。练习方式主要是短距离快跑，重复较多次数，如果要进行大强度训练，建议心率以 180 次/分为宜。也可以进行匀速跑练习，距离较长一些，心率控制在 150 次/分左右为宜。

武装越野的路程比较长，所以有氧代谢训练很重要，训练时要合理安排专项耐力练习的比例，打好耐力基础，常见练习方法包括：

①长距离徒手变速跑练习。

②全程变速越野跑练习。

③长距离匀速跑练习。

④计时跑，规定练习距离。

⑤接近专项距离跑练习。

（三）组训方法

组训也是武装越野训练的常见方法，具体实施方法如下。

（1）小组按要求将装备佩戴好，保持整齐的着装，排好队形达到训练地点接受检查。

（2）教练员对小组人数、装备情况进行清点和检查，若发现有人装备佩戴不规范，立即要求修正。检查装备除了要注意是否佩戴规范、整齐外，还要检查装备或武器的背带是否牢固。另外，检查着装也很重要，着装太紧绷或太宽松都不合适，过于紧绷的服装会限制动作幅度，容易导致动作紧张，增加体能消耗，也会造成呼吸困难，最终训练效果会大打折扣；过于宽松的衣服跑起来带风，增加跑进的阻力，导致跑速减慢，所以，服装松紧适宜很重要。

（3）小组集体做好准备活动，充分活动身体，打开肌肉和内脏器官，使其达到运动所需的生理状态。教练员发口令——"各就位"，小组全体准备，身体保持稳定，此时教练员鸣枪发令，计时员启动秒表计时，全体听到枪声后迅速出发向前跑。

（4）小组负责人检查小组成员在途中跑时是否犯规，是否按规定路线跑，记录每个队员的犯规情况和发生地点，如实向教练员报告。

（5）在训练中小组经过转折点路段时，清点小组成员人数；小组在最后路段冲刺向终点跑进时，记录队伍中最后一人通过终点的时间，按这一时间统计该小组的训练用时。

（6）到达终点后，整理小组队形，集体前往指定检查处接受教练员的检查，检查内容包括小组人员是否齐全、装备是否完好，对犯规情况进行核实，最后将小组训练成绩公布。

第六章

警察体能训练与健康管理

　　警察体能训练的效果和在体能训练中的健康水平受到诸多因素的影响，其中与医务监督有关的因素主要有营养因素、疲劳因素和损伤因素。营养补充、疲劳恢复和损伤处理是警察体能训练中健康管理的主要内容，只有合理补充营养，积极进行疲劳干预，及时处理损伤，并预防过度疲劳和损伤，才能更好地保障警察在体能训练中的健康与安全，为取得良好体能训练效果提供科学保障。本章主要对警察体能训练与健康管理内容展开研究，具体包括警察体能训练的营养保障、疲劳与恢复、损伤与处理，最后对警察健康管理的策略进行分析。

第一节　警察体能训练的营养保障

一、营养与健康的关系

　　营养指的是人从外界摄取食物，经过消化、吸收和新陈代谢，利用食物中机体所需要的物质而维持生命活动的整个过程。人体的营养过程是从摄取食物开始的，一般将通过饮食获取营养的过程称为膳食营养或饮食营养。营养素（见图6-1）是机体生长发育和新陈代谢所必需的物质，主要从食物中摄取，包括糖类、蛋白质、脂肪、维生素、矿物质、水、膳食纤维（见图6-1）。这些营养素相互之间联系密切，并在机体代谢中各自发挥不同的作用，其中任何一种营养物质都不能被另一种营养物质取代。不同类型的食物所包含的营养素不管是数量还是种类，都是有差异的，不可能从单独的一种天然食物中补充机体所需的全部营养，只有合理搭配食物，同时补充多种食物，才能达到均衡营养。

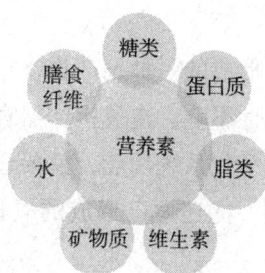

图 6-1　营养素种类

人们获得健康与维持健康离不开合理营养。营养不足或营养过剩都对健康有不良影响。对一个人的营养状况进行评价，主要从两方面着手：一是评价热量的总摄入量，判断其是否能够维持生命活动；二是评价食物的营养结构，判断食物中不同营养素的比例是否合理。只有摄取的食物中各种营养素搭配合理，比例适宜，才能满足机体所需。此外，一些营养缺乏病和地方病的发生与膳食中微量元素的搭配比例也有直接的关系。因此，评价人的营养状况，也要对膳食中的微量元素含量及比例进行衡量。

有关学者指出，我国居民每天从食物中摄入的总热量能够维持机体生命活动，但食物的营养结构不合理，表现为蛋白质和脂肪的比例偏低，糖类比例偏高。此外，日常饮食以谷物为主，虽然对预防慢性病有帮助，但蛋白质成分少，营养不均衡，最终还是会对身体健康造成不利影响。所以，只有做到合理营养与膳食平衡，才能有效提高健康水平。

二、警察体能训练中营养补充的要点

（一）讲究酸碱平衡

体内的酸性成分能够被碱性食物消除，人在一般情况下血液是弱碱性的。如果体内有大量的酸性成分，血液呈酸性状态，那么就有可能引起一些疾病。

食物有酸性食物和碱性食物之分，这是根据人进食后最终代谢物的性质而划分的。肉类、蛋类及主食都是常见的酸性食物，这些食物在人体的代谢产物偏酸性，所以会使血液呈偏酸性状态。人们认为蛋类、肉类是富含大量营养的食物，所以补充这些食物能够增加人体中的酸性成分，酸性成分过多对健康会有影响，因此需要补充碱性食物来抵消与平衡，这就需要多吃蔬菜和水果来达到这个目的，酸性食物与碱性食物的均衡补充能够使人体血液维持弱碱性状态，有助于机体健康。

（二）补充除氧化食物

自由基是人体氧化过程中形成的一种副产物，它们会损害脱氧核糖核酸和胶原蛋白，对组织细胞也有破坏性影响，造成机体器官功能的弱化，使人体快速衰老或发生疾病。要提高机体抗氧化系统功能，就要适当补充除氧化食物，这类食物对自由基有抑制、消除作用，能还原已形成的氧化反应，从而有效预防疾病，维护体内环境健康。

日常生活中具有除氧化作用的主食主要有糙米饭，坚果类食物中大豆、松子、花生、核桃、杏仁、开心果等都是很好的选择，蔬菜类食物中可选的有韭菜、菠菜、番茄、辣椒、南瓜、豌豆、小青菜、胡萝卜等。

（三）食用一些粗粮

警察在日常训练中适当补充一些粗粮是有益健康的。粗粮中含有钙、硒、锌、磷等多种微量元素，每一种元素都对人体健康有重要作用。

（四）营养要全面

警察在体能训练中要全面补充营养，摄入丰富的食物才能保障营养全面，才能使消耗的能量得到有效补充。要依据体能训练项目的供能特点合理搭配糖、脂肪、蛋白质三大能源物质的摄入比例，每日饮食中这三大营养素占总能量的比例建议为 55%、25% 和 20%。

（五）营养要合理

警察在日常生活中要合理补充营养，如多吃应季水果、蔬菜，使运动中产生的酸性代谢产物被体内增加的碱储备缓冲，促进酸碱平衡，预防过度疲劳，促进机体恢复。参加大运动量训练的警察还应特别注意补充丰富的维生素，以 B 族维生素和维生素 C 为主，此外还要补充丰富的矿物质，如钙、铁等。

（六）营养质量要高

在补充三大营养素时，要讲求营养质量。例如，应选择容易消化的含糖食物，依靠糖酵解系统和磷酸原系统提供机体所需的能量。再如，在蛋白质的补充上，要选择优质蛋白，并以动物蛋白为主，这对肌肉生长、组织修复有积极促进作用，同时对增强肌肉力量以及改善能量代谢也有重要意义。

（七）膳食要平衡

常人每日进餐次数一般为 3 次，警察在训练期每日进餐可多于 3 次，但每餐进食量要控制好，各餐之间间隔一定时间，各餐食物要营养均衡，既要保证食物的数量、营养搭配能够满足机体所需，又要保证营养素能够被机体很好地吸收，从而为顺利参加训练和工作提供基础保障。

每日进餐要求可参考图 6-2 所示的金字塔式膳食指南。

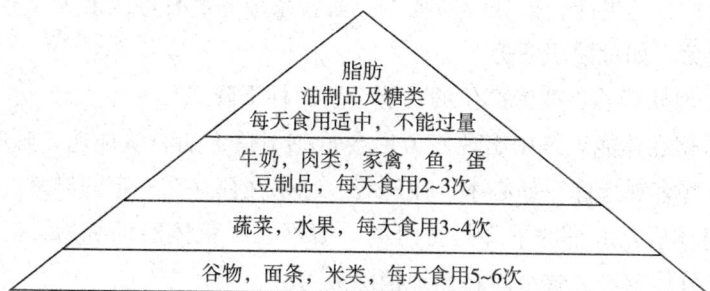

脂肪
油制品及糖类
每天食用适中，不能过量

牛奶，肉类，家禽，鱼，蛋
豆制品，每天食用2~3次

蔬菜，水果，每天食用3~4次

谷物，面条，米类，每天食用5~6次

图 6-2　警察每日膳食指南①

第二节　警察体能训练中的疲劳与恢复

一、警察体能训练中疲劳的特征

在较长时间或较大负荷的身体活动中，人的身体机能、机体工作能力可能会暂时性降低，这时基本可以判定机体处于疲劳状态。一般的疲劳只是暂时的，在休息或采取其他干预手段后，疲劳症状会逐渐消失，机体工作能力将恢复到活动前状态。当身体出现疲劳信号时，主观上会感觉到身体不适，客观指标测试结果也会显示异常，这时机体承受的负荷已经比较大了，必须停止继续给机体施加负荷。而如果依然采用之前的负荷强度，甚至增加负荷，那么身体会陷入过度疲劳状态，将影响身心健康。疲劳是一种保护性生理反应，它在提示人们当下机体承受的负荷足够大了，不能再继续加大负荷，如果违背规律而出现过度疲劳，那么普通的生理现象就可以演化为病理现象。

警察在艰苦的体能训练中产生运动性疲劳是在所难免的。运动性疲劳只是机体不能维持其机能在某个特定的水平上或不能维持预定的运动强度。运动性疲劳往往伴随着体内能量的减少，同时也伴随着肌肉用力顺序的紊乱、神经刺激传导过程无序和混乱，也就是机体相关联结紊乱，这时身体机能水平和机体活动能力明显下降。警察体能训练中产生的运动性疲劳具有以下特点：

① 张寒慧，马志君，崔鹏. 运动营养与健康［M］. 北京：新华出版社，2014.

（1）由体能训练引起，既包括身体疲劳，也包括心理疲劳。从疲劳发生的部位来看，可能是整体疲劳，也可能是局部疲劳。从身体机能来看，不同身体系统都有出现疲劳的可能，如呼吸系统、心血管系统等都有可能疲劳，有时也表现为肌肉的疲劳，如骨骼肌疲劳。

（2）出现疲劳后，疲劳部位的功能会暂时性下降。

（3）警察在体能训练中出现疲劳后会自感不适，如心跳加速、呼吸不畅等，而且测试一些客观指标，如心率、血压等，结果往往存在一定的异常。

（4）身体机能水平的下降是暂时的，警察在结束体能训练后，经过合理补充营养、充分休息等方式可以自然地消除疲劳。

二、警察体能训练中消除疲劳的方法

警察在体能训练中的疲劳属于正常的生理现象，在训练中要防止出现过度疲劳，训练结束后也要及时采取措施进行疲劳干预，快速消除疲劳。常见的疲劳消除方法有以下几种。

（一）合理补充营养

在体能训练中出现疲劳症状的警察，在结束训练后要通过合理补充营养来消除疲劳，促进身心恢复。科学合理地补充营养，有助于使警察的产能反应得到改善，促进机体内环境维持稳定状态，使机体疲劳症状尽快消失，使体力恢复到训练前的正常状态。警察体能训练结束后的营养补充以常见营养素为主，如蛋白质、糖、脂肪、维生素、矿物质等。有时也可以通过补充酸性盐类、碱性盐类、强壮食品等达到抗疲劳的效果。

需要注意的是，警察在体能训练中因出汗而导致机体水分大量流失，严重时也会出现脱水现象，所以不管在训练中还是训练后都要注意饮水。训练中饮水不能以口渴为信号，如果在口渴后才饮水，此时机体缺水已经达到一定程度了，这会严重影响身体活动能力，增加损伤的发生率。所以，警察在体能训练中要适时饮水，而不应该在口渴时才饮水。训练结束后也要及时补水。

（二）做必要的整理活动

为促进疲劳的消除，快速恢复体力，在体能训练的结束部分安排必要的整理活动也是非常重要的。肌群伸展练习、呼吸体操、慢跑等都是对恢复体力有很大帮助的整理活动，尤其是伸展练习，不仅可以缓解疲劳症状，促进体力恢复，还能使肌肉痉挛症状得以消除，促进肌肉血液循环，并降低运动损伤的发生率。

（三）进行活动性休息

在做必要的整理活动之后，可以衔接一些活动性休息的内容。活动性休息以轻微运动为主，它和完全坐着或躺着不动的休息是对应的。进行活动性休息可以快速排除体内的乳酸，对促进机体血液循环很有帮助。一般来说，散步、慢跑、变换活动部位等都是警察在体能训练结束部分可选择的活动性休息方式。

（四）睡眠

对任何人来说，消除疲劳、恢复体力都需要良好的睡眠。当人处于睡眠状态时，神经系统的兴奋过程降低，机体分解代谢处于最低水平，合成代谢处于较高水平，从而有助于积蓄能量，为第二天的身体活动做好能量准备。警察在大强度的体能训练后尤其要保证充足的睡眠。每天睡眠时间应在 8 小时左右，如果训练量很大，可适当延长睡眠时间。

（五）持续静力牵张练习

持续静力牵张练习（牵拉练习）具有消除肌肉疲劳、促使肌肉放松、缓解肌肉迟发性酸痛的效果。牵拉练习的这一效果已经得到了科学研究的证明。有关研究显示，在进行肌肉牵拉练习时做肌电图测定，结果显示静力性牵拉练习开始时肌肉放电明显，表明肌肉处于疲劳性痉挛状态。当牵拉至适当程度时，则肌肉呈电静息状态，表明肌肉痉挛症状得以缓解甚至消失。可见，在体能训练后做持续静力牵张练习有助于消除肌肉酸痛症状，缓解肌肉痉挛，促进肌肉正常功能的恢复。

第三节　警察体能训练中的损伤与处理

警察在体能训练过程中，因训练本身直接引起的身体损伤即为警察体能训练中的损伤。警察在体能训练中之所以会有运动损伤，往往与训练内容不合理、训练负荷过大、训练者自身身体素质较差、训练环境不友好等因素有关。因为不可控因素的存在，警察体能训练中难免会发生伤害事故，但我们仍要积极预防，降低损伤发生率，同时在损伤发生后也要第一时间做紧急处理，降低损伤对警察身心健康的伤害程度。

一、警察体能训练中损伤的特点

警察体能训练中发生的运动损伤，从损伤部位来看，以关节损伤居多；从损伤程度来看，比较常见的是擦伤、挫伤等轻伤。这是警察体能训练中损伤的两个主要特点。

（一）关节损伤较多

警察体能训练尤其是专项训练，如攀爬速降训练、越障训练等，对人体各关节的要求都比较高，在训练过程中关节活动量大，长时间在一定负荷下完成活动任务，很容易受伤，如指关节损伤、踝关节损伤、腕关节损伤等。

（二）以轻伤较为常见

警察体能训练中会出现不同程度的运动损伤，如轻伤、中等伤和重伤，但相对来说，警察职业对体能有一定要求，加上每隔一段时间有相关的体能技能训练，整体来说警察体能基础较好，运动素质水平较高，所以一般不会轻易发生重度损伤，警察体能训练中以轻伤比较常见，如擦伤、扭伤等。

二、警察体能训练中发生损伤原因

（一）身心状态不佳

对长期接受严格警务化管理的警察而言，各方面素质都要达到较高的水平和要求，所以警察身心长期处于一定紧张状态是不可避免的。在这样的身心状态下参加体能训练，发生损伤的风险比较大。尤其是在集中训练周期的后期，对身心疲惫程度较严重的警察而言，更容易发生损伤。

（二）身体素质差异

不同警察尤其是刚入职的警察身体素质存在一定的差异，但警察体能训练的内容是面向全体警察实施的。对身体素质相对较差的警察而言，要和其他身体素质强的警察接受同样的体能训练，身心压力比较大，再加上身体素质本身就比不上其他人，所以在体能训练中无法承受训练负荷，很难完成训练任务，发生运动损伤的概率较高。

（三）训练方法不当

警察体能训练内容非常丰富，尤其是在强化警务实战化训练的形势下，专项体能训练与警务实战工作息息相关，往往要结合实战需要设计强度较大的训练项目。体能训练和警务实战结合，使得训练中很多未知因素增强，风险就比较高，对安全防护的要求也高。但个别教练员安排训练时，使用训练方法不当，或指导不合理，或对训练者缺乏必要的保护与帮助，就会导致一些警察在训练中受伤。

（四）训练环境存在风险

警察专项体能训练对场地设施条件的要求较高，尤其对训练场地的安全性要求较高，如果训练场地选得不合理，或场地比较陈旧，训练设施缺乏维护，器材设备有一定损坏，那么就会增加训练的风险，造成训练损伤的发生。

三、警察体能训练中常见损伤的处理

（一）擦伤

警察在训练中与硬质物摩擦时（如摔倒，皮肤与地面摩擦）可能会擦伤皮肤。受伤部位有明显的擦伤痕迹，可能会出血和表层皮肤脱落。身体很多部位都可能擦伤，暴露在外的部位擦伤后的症状可能会更严重一些。擦伤的处理方式如下：

（1）如果症状较轻，则先清洗擦伤部位，然后进行消毒处理，不需要包扎伤区。

（2）如果症状比较严重，伴随感染，而且伤口处有异物（沙子等），应送往医院由专业人员进行紧急处理。必要时需打破伤风抗毒素。

（3）如果擦伤部位恰好是面部，要特别预防感染，要第一时间进行处理，以免留疤。不要将创可贴贴在伤口处，否则会导致发炎。

（二）扭伤

扭伤多发生在腰部、手腕部、颈部等部位或活动较多的关节处。主要症状为扭伤部位皮肤红肿，局部疼痛、肿胀，关节无法自由活动。扭伤的处理方式如下。

（1）颈部、腰部扭伤后，平躺在地上，仔细观察症状，等待医务人员处理。

（2）关节部位扭伤后，将受伤部位抬高，用冷水冲或浸泡，再加压包扎，以免受伤部位肿胀。

（3）伤后 1~2 天后进行热敷处理，配合适当的医学按摩。

（三）肌肉拉伤

肌肉拉伤通常是在外力直接或间接作用下，迫使肌肉过度主动收缩或被动拉长时引起的肌肉牵拉或撕裂伤。警察在体能训练中若准备活动不充分、动作不协调，或者肌肉弹性、伸展性较差，那么非常容易发生肌肉损伤。肌肉拉伤的症状主要表现为肌肉伤处明显肿胀、压痛、肌肉痉挛，触诊时可摸到硬块，严重时肌肉撕裂。

对于轻度拉伤，视伤情降低运动强度，适度按摩、静态拉伸。对于严重的拉伤，要立即停止练习，冷敷、包扎拉伤部位，伤肢抬高，以免肿胀。1~2 天后外贴消肿胀膏药，热敷或适当按摩。

（四）踝关节韧带损伤

警察在攀爬速降训练中，若落地时身体失去平衡摔倒，或不小心踩到其他东西，容易出现踝关节内旋、足跖屈内翻位，导致踝关节韧带损伤。主要症状表现为踝关节外侧剧烈疼痛，明显肿胀，无法直立行走。踝关节韧带损伤的处理方式如下：

（1）对受伤部位进行降温、加压包扎，防止出血，缓解肿胀。要注意足外侧是压迫包扎中8字形交叉点所在的位置，这能够对踝关节内翻起到积极的预防作用。

（2）使用钢丝托板固定患肢，使受伤的脚保持稍外翻、跖伸位，从而预防继续出血。

（3）将患肢抬高，调节血液循环，以防伤处严重肿胀。

（4）进行局部降温，如用冰袋冷敷患处。

四、警察体能训练中损伤康复的方法

警察在体能训练中受伤是比较常见的现象，一方面要做好准备活动和预防工作，另一方面要在损伤发生后及时处理，降低操作带来的不良影响，促进快速恢复。在体能训练中，警察会因为一些主观或客观因素的影响而受伤，比较常见的是身体各关节损伤，骨骼损伤的发生率也比较高。此外，肌肉或韧带的挫伤、扭伤等损伤也时有发生。发生损伤后，要根据具体情况对之后的体能训练计划进行调整，并采取具有针对性的恢复措施，使伤者的身体各受伤组织与相关器官功能尽快恢复，以免影响警察身心健康、正常训练乃至警察职业生涯。

当发生损伤后，如果没有及时处理，会延长受伤组织的恢复时间，从而影响训练计划的正常实施，破坏训练的完整性和系统性，最终影响训练效果。而且如果在受伤组织未完全恢复的情况下就继续安排训练，会加重伤情，或牵连其他组织损伤，这将会给警察的身体健康带来严重的威胁，有时还会造成心理影响，使伤者产生心理障碍，恐惧相关警务训练。所以，科学、及时地处理损伤至关重要。在体能训练中发生不同的损伤要根据具体情况采取不同的急救措施，与此同时，还要配合以下治疗方式，促进较快地康复。

（一）按摩

按摩是利用筋络穴位的传递效应，采用推、摩、揉、捏、搓、按压、叩打等方法对受伤肌肉、关节、韧带对应的特定筋络穴位施加一定的刺激，从而引起机体积极的生理反应，使人体毛细血管的通透性得到提升，血液中含氧量得到增加，使外界物质更容易被机体吸收，从而使紧张状态得以消除，达到舒筋活骨、提高免疫力、促进恢复的效果。

（二）理疗

理疗主要利用人工或自然界物理因素作用于人体，使之产生有利的反应，达到预防和治疗疾病目的。一般是在受伤部位实施电疗、光疗、磁疗、蜡疗等相关治疗方法，促进组织修复，调整血液循环，使伤部血液循环更加通畅。处理局部闭合性损伤时，更适合采用理疗的方式，它具有很强的针对性。

（三）拔罐

拔罐疗法是以杯罐作工具，借热力排去罐中的空气产生负压，吸着于皮肤，造成淤血现象的一种疗法。对身体局部肌肉劳损、肌肉拉伤等伤病的治疗，可采用局部治疗效果较好的拔罐疗法。通过拔罐，可以改善受伤处局部血液循环，促进恢复。

（四）针灸

肌肉、韧带等组织发生局部损伤后，针灸可以通经脉，调气血，也是效果比较好的治疗方式，针灸时要找准穴位，常用的针灸针有电针、火针、医学常用针等。

五、警察体能训练中损伤的预防

（一）损伤预防原则

1. 树立安全意识原则

警察参加体能训练，一定要提升安全意识，具体就是提升预防运动损伤的意识。在公安院校体能训练中也要加强预防运动损伤的教育工作，让学警充分意识到自我保护和预防运动损伤的重要性。除此之外，还要加强运动防护技能的培养，提高学警的自我保护能力。警察只有掌握了科学的运动防护技能，才能在具体运动过程中有效预防运动损伤。

2. 合理负荷原则

在警察体能训练中要注意安排合理的运动负荷，合理的运动负荷能极大地降低运动损伤发生的概率，确保运动安全。如果运动负荷过大就容易导致运动损伤。但是，也不能为了警察不受伤而一直采用小负荷练习方式，这不利于取得良好训练效果。警察体能训练应根据警察的实际情况和训练目的而循序渐进增加运动负荷，但要在受训警察能够承受的范围内调整负荷。

3. 全面加强原则

全面加强主要是指促进身体素质的全面发展。警察在体能训练中发生运动损伤有时主要是整体身体素质水平不高，力量、速度、耐力等各项身体素质水平不匀造成的。因此，全面提升各项身体素质是预防运动损伤的重要原则和方法。在警察体能训练中，要将基础体能训练贯穿其中，可作为实战体能训练的重要内容。

4. 严格医务监督原则

医务监督是预防运动损伤的重要手段。必要的医务监督有助于受训警察及时发现身体不适状况，实现早发现、早处理的目的。除此之外，还要注意检查运动场地与器材，防患于未然。

5. 灵活调整训练计划原则

当警察在体能训练中出现严重疲劳时，要及时调整训练计划，以免疲劳继续加重而导致损伤发生。调整训练计划并不会破坏训练的完整性，且能够防止因警察受伤而中断训练。对训练计划进行调整，主要是调整训练内容、方法和负荷，以降低难度、减少频率、减轻负荷为主，以促进疲劳的恢复。当警察疲劳症状消失，身心机能恢复正常时，可继续实行原来的训练计划，但要注意预防损伤。在伤后的恢复性训练中，也要制订相应的恢复训练计划，旨在促进受伤组织的恢复，而如果将原训练计划作为恢复训练计划使用，就可能会导致未完全恢复的组织再次受伤。

（二）损伤预防措施

采取一定的预防措施能有效降低运动损伤发生的概率，警察在参加体能训练时可以采取以下预防损伤的措施和手段。

1. 调整好身心状态

警察在正式进行体能训练前，有时会因为个人身体状态、情绪、运动水平、已有经验以及精神状态等因素的影响，会发生一定的生理变化和心理变化。越临近正式训练，变化就越显著。训练前的这种身体和心理上的变化统称为运动前状态。实践证明，运动前状态会影响正式运动的过程及运动训练的效果，这种影响既有积极的影响，也有消极的影响。需要注意的是，运动前不管神经系统兴奋性很高还是很低，都不利于后面的运动训练，都会制约训练效果。例如，当兴奋性很低时，常见表现是兴趣低下，情绪不高，态度冷淡，这样运动能力也会下降；兴奋性很高时，常见表现是紧张到失眠，心情急躁，影响食欲，这样必然不利于训练中的发挥。训练前不管是过度兴奋，还是兴奋度极低，都和心理因素的影响有关，为了防止不良心理因素影响大脑神经状态，进而影响训练中的安全及训效果，警察应在训练前调整好身心状态，如出现失眠、明显疲劳、感冒等不适症状，或者精神或心理受到严重刺激，要及时解决和处理身心问题。在身体和心理调整时期，宜选择强度较小的练习内容，随着身体和心理状态的进一步调整与逐渐恢复，再逐渐增加运动强度，渐渐提高训练效果。

2. 加强力量训练

力量素质是其他各项体能素质的重要基础，对预防运动损伤具有非常重要的作用。警察因为职业的特殊性，需要具有良好的爆发力、协调力和耐力。而这些基本素质的提高，都需要系统加强身体力量训练，身体力量提升的同时，也对运动损伤的预防具有非常大的帮助。由此可见，警察在日常训练中一定要高度重视力量素质训练。

3. 注意身体检查

在有组织性的警察体能训练活动中，通常需要对警察的身体进行检查和评估，从而充分了解受训警察的身体状况，对有特殊疾病、有伤病史、受伤未愈的受训警察制订出针对性的科学运动方案，这样才能有效预防和避免训练中的运动损伤。

4. 保持安全的运动环境

警察参加体能训练需要在安全的环境下进行，这对预防运动损伤也具有重要意义。因此，在进行警察体能训练前，首先要检查训练场地、器材、设备是否存在安全隐患，其次关注训练期间天气、训练周边环境等问题，防患于未然。

5. 重视热身准备

警察在体能训练前做好充分的准备活动，可以有效预防运动损伤，还能延迟疲劳出现的时间，并促进训练效果的提升。热身准备活动具体由下列几个部分组成：

（1）一般性准备活动。活动内容包括健步走、慢跑等，时间为 10 分钟左右，通过简单热身，使身体预热，微微出汗。

（2）伸展练习。身体主要肌肉群做静态性伸展练习和被动伸展练习，时间大约 10 分钟。

（3）动态伸展。做原地伸展练习和移动中伸展练习，时间大约 10 分钟。

6. 运动后注意拉伸与放松

训练后做一些拉伸与放松练习，主要是为了消除疲劳，促进身体机能恢复正常水平，并预防在下次运动中受伤。拉伸练习属于柔韧性练习，通过牵拉肌肉，不仅能改善肌肉的弹性和灵敏性，还能使运动感受器更加敏感，促进运动感知能力的提升，进而促进应激能力的改善。

第四节 警察健康管理的策略

一、定期组织体质健康测评

　　警察健康管理以体质健康管理为主，组织警察体质测评是第一步。面向警察群体进行体质测试，需要先明确主要测试指标，有关专家利用层次分析法得出了如图 6-3 所示的 16 个体质测试指标。对这些指标逐一测试之后，将测试结果整理成健康数据向数据库上传，分析与评价测试对象的体质健康水平，及时发现被试者的体质问题，便于公安机关采取对策进行针对性干预，促进警察队伍健康水平的整体提升。

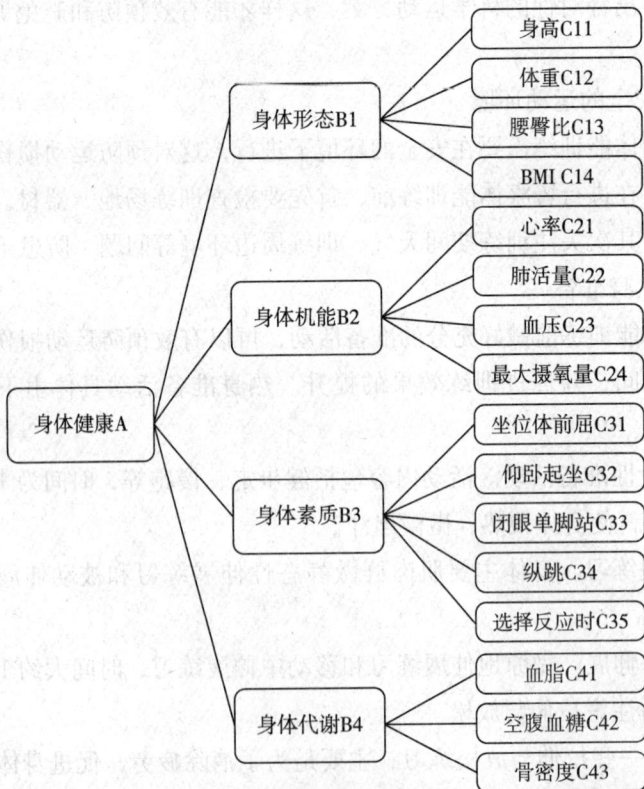

图 6-3 警察体质健康测评指标①

---

① 许文静. 警察体质健康管理研究 [J]. 体育世界（学术版），2019（06）：162-163.

二、建立调休轮休管理制度

只从体质健康测评和医疗干预方面进行警察健康管理是不够的。过度劳累是警察健康风险的一个源头，所以在健康管理中要将该源头作为一个关键着眼点。警察职业不同于一般企事业单位朝九晚五的职业，警察工作时间不稳定，有时为了工作接连加班，每天休息时间严重不足，而且要随时做好出警的准备，身心压力都比较大，很容易影响健康。对此，要先保证警察的休息时间才能保证他们的身体健康。这就需要加强对调休轮休制度的改革与优化，使制度更加人性化，切实保障警察体质健康。

三、实施个性化健康服务

在警察健康管理中，不仅要了解警察队伍的整体健康状况，还要对每一名警察的健康状态有准确的把握和清晰的了解，为警察个体制订个性化健康服务方案，提供针对性健康服务。根据每个警察每一项体质指标的测试数据，就该指标对警察进行健康、亚健康和疾病三种健康状态的划分，对于健康的指标，要鼓励警察继续保持，对于亚健康的指标，要提供预防建议，如科学锻炼、健康饮食等。对于处于疾病状态的指标，要提供医疗干预建议，辅之以运动锻炼干预和健康饮食干预。

四、倡导健康生活方式

在警察队伍中倡导健康的生活方式，通过健康宣传、健康教育、健康讲座、健康咨询、定期体检等，提高警察的健康意识和自我保健能力，倡导文明健康的生活方式。公安机关根据实际情况为警察提供环境良好的健身场所、训练场所和休息疗养场所，在饮食上合理搭配各种营养，从多个方面为警察的健康提供保障。

五、加强健康饮食干预

对警察来说，要保持体质健康，就必须做到饮食健康，这是最基本的健康支撑。运动锻炼能够促进健康，这是毋庸置疑的，但如果只运动，不注意饮食，健康也不会有所保障。所以说，健康饮食是运动促进健康的基础条件。因为职业的特殊性，警察有时候饮食不规律，如果长期饮食不规律容易造成胃肠道功能紊乱，最终影响警察个人身体健康和职业生涯。对此，公安机关要把好饮食关，在每日食谱上多下工夫，为警员提供良好的饮食环境和营养均衡的健康食品。对执行特殊任务或从事大运动量训练的警员，要适当加餐，保证新鲜蔬果的供应，做好后勤工作，警察只有拥有健康的体魄，才具有革命的"本钱"。

六、关注心理健康管理

在警察健康管理中，除了要关心警察的身体健康，还要对其心理健康给予充分的重视，要注重对警察健康心理素质的培养和专业心理素质的强化。警察群体因为职业的特殊性，在工作过程中，尤其是面对重大执法抉择，如开枪击毙或打伤犯罪嫌疑人后，心理健康难免会受到影响。为了保障警察的心理健康，需要为其提供专门的心理咨询服务，了解警察的心理问题，然后采取有效的方式疏导心理问题、消除心理障碍、治疗心理疾病。

第七章

警察心理训练与健康管理

　　警察的心理素质同身体素质同等重要，因为要对应高强度的工作压力，强大的心理素质是必不可少的。本章将主要针对心理健康与健康心理塑造、运动心理训练、警察心理训练与健康管理等展开分析。

第一节　心理健康概述与健康心理塑造

　　心理健康是评估一个人健康与否的重要指标之一，心理健康和身体健康同等重要，是保障人们进行正常社会生活的基本条件。本节将对心理健康以及健康心理的塑造展开分析。

一、心理健康的概念

（一）健康与心理健康

　　健康和每个人的生活、工作都息息相关，拥有健康的身体和心理是获得幸福生活的基本前提。但是还有许多人对健康的理解比较含糊，认为没有疾病就是健康，这显然是对健康的概念不清晰所导致的。现代健康理念包含身体健康、精神健康、道德健康、智力健康、情绪健康、环境健康、职业健康以及社会适应健康，只有这几个因素全部都达到健康的标准，才能说一个人是完全健康的，完全健康的概念如图 7-1 所示。

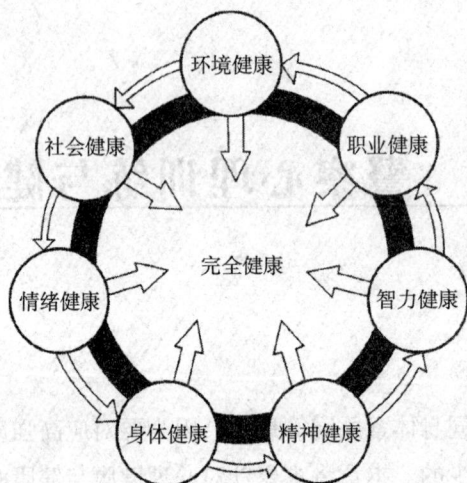

图 7-1　完全健康①

　　健康这一概念是随着社会的不断发展而不断完善的，随着人们认知水平的提升，以及科技、医疗、社会、心理等诸多领域研究的不断深入，人们对健康的认识水平也在逐步提升。其中，心理健康在现代社会得到越来越多的重视，人们发现心理健康对个体的方方面面都具有非常重要的影响，因而必须引起重视。

　　然而，心理健康的标准是复杂的，而且也是动态发展的，一个人的心理健康水平受到多方面因素的影响，但是判断心理健康与否又比较困难，因此给心理健康下定义也变得十分复杂。世界卫生组织对心理健康概念的界定是"人的心理持续的完善状态就是心理健康"。但这个概念比较抽象，还是不能清晰、直白地说明心理健康的含义。第三届国际心理卫生大会对心理健康给出的概念为："心理健康是指在身体、智能以及情感上，在与他人的心理健康不相矛盾的范围内，将个人心境发展成最佳的状态。"② 由此可见，对于大多数普通人而言，要想清楚明白地描述心理健康并没有那么简单，这也是造成人们长久以来对心理健康的忽视的原因之一。如果人们对一件事物难以定义、不能描述，那么也就无从掌握。因此，要想维护和发展人的心理健康水平，首先需要明确它的含义，这不仅关乎每个人的生活质量，也影响着社会建设和国家发展等更加重要的议题。

（二）心理健康的内涵

　　为了更加准确地把握心理健康，人们从以下几个方面展开研究。

---

① 王鹏 . 大学生体质之研究 ［M］. 哈尔滨：东北林业大学出版社，2007.
② 孔庆蓉，孙夏兰，杨玉莉 . 心理健康新观念 ［M］. 北京：中央编译出版社，2016.

1. 心理健康的整体状况

整体上而言，心理健康是一种心理状态和个人体验，它表现为对社会生活的适应以及内在体验的和谐。其中，身体的健康情况对心理也具有直接的影响，如果一个人的身体出现不适或者病痛，那么其心理也会相应地出现适应不良的一系列现象，进而有可能出现一些短暂的应激反应或者长期的心理障碍等问题。相反，如果一个人具有健全、成熟的人格，完善的心理机制以及稳定的价值观，那么对他的身体健康也具有积极的促进作用，即使当身体出现病痛的时候，也会积极面对、主动治疗，从而对身体的康复也具有正向的引导作用。由此可见，研究心理健康需要结合身体健康或生理健康问题一起进行。

2. 心理健康的平均状况

一般情况下，人们的心理状况基本上遵循正态分布曲线的规律。正态曲线在心理学研究中主要被用于测量和比较各种心理现象，也可以用来研究人群的心理特征，如性格特点、情绪状态等。人们的心理状态如果符合正态分布曲线规律的波动和变化，就属于正常的范畴。从这个角度来看，判断一个人的心理健康与否，最简单的方法就是看他/她的情绪、心态、情感等心理特征是否符合大部分人的情况，也就是说，如果大部分人都会有类似的状况，那么就可以初步判断这个人的心理健康水平是正常的。

3. 心理健康的适应状况

另外一个衡量个体心理健康与否的角度，是看他/她的社会适应情况。如果一个人对环境适应良好，与外界的交往和互动是融洽的、和谐的，那么就可以认为其心理健康水平是基本正常的。

在社会快速发展变化的当下，心理健康的人们往往能够很快地适应新环境、新境遇，积极地、适度地调整自己的身心，从而与外界环境保持融洽与和谐的关系。相反，那些在适应方面有所不足的人，则往往会从心理上抗拒新环境、新事物、新的人际关系，并伴随明显的心理不适感。从另一个角度看，那些适应良好的人往往也更具开拓精神，对外界充满好奇心，敢于挑战陈规，打破因循守旧的模式，从而推动新事物的发生，促进社会的发展。当然，前提条件是人们挑战陈规的动机是良好的，是建设性的，而非由于心理扭曲或者心理障碍怀有破坏性的动机，最终给他人和社会造成伤害。

4. 心理健康的理想状况

还有一个衡量心理健康水平的角度是看人们的心理预期或者对理想的描述。每个人在现实生活中总是存在这样或者那样的不如意之处，相对地，人们心里也许会有一个相对"理想"的彼岸的存在。如果自己期望的那种理想状态成为现实，这会对人形成一种正向反馈，会鼓励人们积极地设想未来，并相信通过努力可以实现理想；而如果自己期待的状态很遥远，难以实现，那么就可能引起心理障碍。

二、心理健康的标准

关于心理健康的标准，国内外学者提出了不同的看法，下面简单说明几个具有代表性的观点。

（一）心理健康的标准

我国学者郭念峰和李忠莹都提出了关于心理健康的标准，有人综合二者的观点，提出了心理健康七个方面的标准，见表7-1。

表7-1　心理健康标准①

七个方面	具体标准
认知	适度的敏感性
	对内外世界的真实感知
	思维逻辑正常
	认知具有全面性
	认知具有独立性
	良好的想象力和联想力
情绪	适度的情绪激活性
	适度的情绪强烈性
	适度的情绪持久性
	良好的心理承受能力
	良好的心理康复能力
	良好的情绪管理能力
意志品质	良好的自觉性
	良好的自制性
	良好的坚持性
	良好的果断性
	良好的敢为性

① 王伟，刘宇慧，成荣信.中国人心理健康手册［M］.成都：电子科技大学出版社，2015.

（续表）

七个方面	具体标准
态度倾向	适度的责任感
	适度的荣誉感
	适度的进取性
	适度的利他性
	良好的真诚性
自我意识	良好的自我觉察
	与能力相匹配的人生目标
	适度前瞻的进取目标
	适度的自信
	适度的自我压力和动力
	悦纳自己
人际关系	宽容
	与周围各种类型的人和睦相处
	适度的异性交往
	既保持个性又服从领导
	与家庭成员亲密相处
	有少数的亲密朋友
	与人交往有角色意识
	与人交往有边界和适度的距离
	不同场合角色灵活转换
幸福感受	有充实的价值感
	对职业有兴趣
	有适度的激情体验
	有适度的享受欲望
	不断产生的审美需求和审美能力

（二）心理健康自我测定

人们可通过简单的测评来了解自己的心理健康状况，量化指标更易被采纳，一般可参考表7-2所示的"心理健康自我测定量表"。

表7-2　心理健康自我测定量表①

题号	内容	常有	偶有	罕有	从无
1	害羞	1	7	8	0
2	为丢脸而烦恼很久	0	6	12	6
3	登高怕从高处跌下来	0	5	13	10
4	易伤感	0	5	15	8
5	做事常常半途而废	0	4	12	4
6	无故悲欢	0	7	12	9
7	白天常想入非非	3	8	9	0
8	行路故意避见某人	0	3	11	10
9	易对娱乐厌倦	0	8	11	6
10	易气馁	0	1	15	8
11	感到事事不如意	0	2	16	6
12	常喜欢独处	0	2	6	0
13	讨厌别人看你做事，虽然做得很好	0	8	11	9
14	对批评毫不介意	8	5	3	0
15	易改变兴趣	2	4	8	2
16	感到自己有许多不足	0	5	12	15
17	常感到不高兴	0	4	15	5
18	常感到寂寞	0	4	11	5
19	觉得心里难过、痛苦	0	1	11	16
20	在长辈前很不自然	0	7	11	10
21	缺乏自信	0	9	11	8
22	工作有预定计划	8	6	0	2
23	做事心中无主见	0	7	10	11
24	做事有强迫感	0	4	5	3

① 孙庆祝，郝文亭，洪峰．体育测量与评价（第2版）[M]．北京：高等教育出版社，2011．

（续表）

题号	内容	常有	偶有	罕有	从无
25	自认运气好	11	7	6	0
26	常有重复思想	0	9	7	4
27	不喜欢进入地道或地下室	0	3	4	12
28	想自杀	0	3	5	13
29	觉得人家故意找你碴	0	1	5	6
30	易发火、烦恼	0	5	18	13
31	易对工作产生厌倦	0	4	11	15
32	迟疑不决	0	10	10	8
33	寻求大家同情	0	1	9	2
34	不易结交朋友	0	2	9	5
35	心理懊丧影响工作	0	4	14	14
36	可怜自己	0	0	11	9
37	梦见性的活动	2	3	6	0
38	在许多境遇中感到害怕	1	0	16	7
39	觉得智力不如别人	0	1	8	7
40	为性的问题而苦恼	0	4	9	3
41	遭遇失败	0	4	14	6
42	心神不定	0	9	13	6
43	为琐事而烦恼	0	7	14	7
44	怕死	0	1	2	13
45	自己觉得自己有罪	0	0	12	4
46	想谋杀人	2	3	5	0

　　根据自己的实际情况勾选，全部选完后累计积分。男子如果总分在65分以上，说明心理正常，总分在10分以下说明有心理疾患；女子总分在45分以上说明心理正常，总分在25分以下说明有心理疾患。

　　需要指出的是，这种量化指标测量心理健康与否，需要受测者选择真实感受选项，不能受外在环境和人员的压力影响下违备内心真实感受。

三、健康心理的塑造

（一）科学运动能促进心理健康

1. 科学运动能调节情绪

有大量的研究表明，适当的运动有助于人们的心理健康，由于运动时体内会分泌一些有益激素，包括内啡肽、多巴胺等，这些物质会有助于人体产生愉悦、舒畅的感觉，这对心理调节具有明显的作用。因此，长期、规律的运动对人们的心理健康具有积极的影响，能够有效地调节情绪，改善内在体验，从而促进心理健康，提升生活质量。

2. 科学运动能增强自我效能感

适当的运动量、科学的锻炼方法，能够明显提升人体的身体素质和运动素质，这不仅给人们带来身体上的良好感觉，而且在心理上也会产生自我效能感。通过一段时间的运动，特别是经过不断克服惰性，走出舒适区，人们的体能或运动素质逐渐获得提高，同时其在心理上也会获得良好的体验，在认知上会增强自信心，让运动者对生活、对未来充满期待，对工作也更有信心，这些都是提升心理健康水平的重要体现。

3. 科学运动能改善睡眠

睡眠也是影响人的身体健康和心理健康的一项重要因素，现代人生活节奏快，来自工作和生活的压力普遍增加，当人们在精神上感到无法应对这些压力的时候，常常就会产生睡眠问题。但是有大量的研究表明，科学的运动能够明显改善由精神压力大或者心理困扰而导致的睡眠问题。

通过适当的体育运动，身体大量排出汗液，不仅能够促进新陈代谢，增强身体各项机能，同时能够放松情绪，缓解心理压力，从而能够改善睡眠状况、提高睡眠质量。

（二）掌握一些调节心理的方法

1. 正念冥想

"正念"最初源于佛教禅修，是佛教从坐禅、冥想、参悟等发展而来的一种心理调节的方法。正念冥想是一种非常简单有效的心理调节方法，在东西方有很大的受众群体。正念冥想就是用正念和冥想的方式缓解身心疲惫，放松紧张的情绪，对缓解焦虑、抑郁、失眠有明显的作用。

正念冥想的方式比较简单，时间可长可短，根据每个人的实际情况灵活掌握。练习时首先需要有一个独处的空间以保证不被打扰，其次是选择一个舒适的坐姿，让自己全然放松，然后闭上眼睛，关注自己的呼吸，随着呼吸而起伏的身体。如果此时头脑中有各种各样的想法冒出来，不要抗拒，也不要忽视，全然地接受，"看到"这些想法在自己的头脑中流动，不压抑，不逃避，也不作评判，想象它们是自由流动的云，你只需要观察它们的千变万化。呼吸是正念冥想的锚，你的意识始终在关注一呼一吸间，感觉空气通过鼻腔进入身体，然后深深吸入，再缓缓呼出。

研究表明，正念冥想对缓解心理压力、睡眠障碍以及提升免疫力都有明显的好处，而且练习方法简单，受时间和空间的限制较少，因此，只要有一段独处、安静的时间就可以练习。

2. 培养一些有益的兴趣爱好

兴趣爱好能够将人们的注意力和精神从繁重的生活压力中暂时解放出来。通过全身心地投入一件自己喜欢的事情，能够很好地放松精神，愉悦心情，从而减少消极的情绪，有助于塑造健康的心理环境。

另外，在发展兴趣爱好的过程中，也能培养出一定的成就感和自我效能感，这也对塑造心理健康有所帮助。同时，和一些有共同爱好的朋友探讨和钻研技艺，也能发展良好人际关系，避免产生孤独情绪，有助于保持心理健康。

（三）掌握正确的情绪宣泄方式

在紧张的工作中难免会产生消极、负面的情绪，尤其是在合作与竞争的过程中，难免会与他人产生不愉快的情绪。对于这些情绪如果不能及时、正确地处理，不仅会进一步地伤害人际关系，让关系恶化，甚至还会妨碍心理健康，因此，在日常生活中应掌握一些情绪宣泄方法进行自我情绪疏导。

1. 直接宣泄

直接宣泄，是指找到造成情绪问题的原因，直面问题，寻找解决问题的办法。比如因为和队友发生矛盾而导致的情绪问题，就要去找队友进行开诚布公的交流，解决矛盾。直接宣泄的方式能够从根本上解决情绪问题，是最有效的宣泄调节方式。

2. 间接宣泄

间接宣泄，是指在无法解决造成情绪问题的时候，通过向朋友或者同事倾诉，以痛哭或者大声咆哮的形式把心里的负面情绪宣泄出来。作为领导或者教练，应及时关心下属或警察学员的情绪问题，有必要的时候应给予疏导性和支持性的帮助，并引导其将内心的困扰表达出来。同时，每个警察也应主动学习一些适合自己的宣泄情绪的方式，比如，通过唱歌、踢球、游泳或者和朋友倾诉等方式进行情绪的自我调节，以免日积月累给自己身心造成伤害。

第二节　运动心理训练

运动心理被广泛地运用于竞技运动员的日常训练中，运动心理训练是以心理学理论为依据，通过一些特殊的训练手段能够有效改善运动员的某些心理障碍，从而提升训练效率和比赛成绩。由于其具有较显著的训练效果，因此也被引用到警察的体能训练中，本节将从运动心理训练的行为干预和心理干预两个方面进行分析，并针对性选择对警察训练具有重要意义的训练方法进行详细讲解。

一、运动心理训练之行为干预训练

行为干预是主动介入并中断某行为自然发生、发展的过程，试图消除或改变该行为的干预方式。行为干预是认知心理学中一个比较重要的干预手段，通过特殊的方法能够帮助受训者克服一些行为上的困扰，从而能够正常处理生活和工作中的相关事件。

（一）放松训练

放松训练，是指在语言或者自我意识的引导下，逐步将呼吸节奏、肌肉以及中枢神经慢慢放松下来，从而消除疲劳，让身心因精神紧张而带来的焦虑、强迫等一系列困扰得以缓解。

放松练习是一种非常实用的心理技能，当熟练掌握之后，对心理调节具有多方面的积极影响，其对心理调节的积极作用主要有以下两点：

（1）能够主动降低人体中枢神经系统的兴奋性，帮助个体从紧张兴奋的状态逐渐恢复平静。

（2）人体在紧张的状态下情绪也是高涨的，此时会消耗大量的能量。掌握放松技能之后，能够有效减缓因情绪紧张而引起的过度疲劳等现象。比如，研究人员曾对运动员进行研究，将进行放松训练和没有进行放松训练的运动员进行比较，发现他们在耐力运动中的耗氧量有明显的差距（图7-2）。

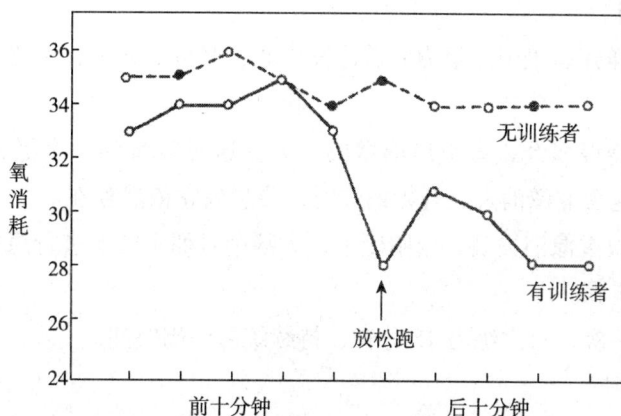

图 7-2　放松练习对运动员耗氧量的影响对比

（二）注意力训练

注意力在各种运动训练中具有决定性的作用，试想一名技艺高超的运动员如果其注意力被严重干扰，那么他必然无法在比赛中正常发挥出应有的水平。注意力不仅影响运动员能否顺利地发挥自身水平，在一些集体对抗性项目中，运动员要保持高度的注意力，同时观察队友是否做好了与自己配合的准备，还要注意观察对手的攻防举动。同样，对于警察来说，在警务实战过程中，面对犯罪嫌疑人或复杂的执法现场，不仅要有高度的警惕性，还要有良好的注意力、观察力。因此，保持高度的注意力是警察执法过程中非常重要的能力。

集中注意力的练习主要有以下几种：

1. 五角星练习

准备一块 40 厘米的黑色正方形亚克力板，以及一个 20 厘米宽的白色五角星，将白色五角星贴在黑色正方形的正中间并挂在墙上。准备一把椅子放在正对五角星的位置，两者之间的距离为 90 厘米，然后准备练习。

（1）眼睛闭上，想象面前有一个黑色屏幕。

（2）眼睛睁开，目视墙上的五角星图案，坚持 2 分钟。

（3）移开视线，看墙上的五角星虚像。

（4）眼睛闭上，大脑中对这个虚像进行想象。

2. 黑白板练习

准备一块边长 40 厘米的正方形黑板以及一块边长 5 厘米的方形白板，并将白板贴在黑板的中心位置，然后挂在墙上，且保持图案中心与练习者的眼睛齐高。

（1）保持放松状态。

（2）闭上眼睛持续两分钟，想象面前有块黑色屏幕温暖柔和，就像电源没打开的电视一样。

（3）眼睛睁开，集中注意力盯着图案中心，坚持 3 分钟，不要眨眼，也不要用力瞪眼。

（4）眼睛慢慢移开，看空白墙壁的地方。这时会看到一个黑方块虚像，一直盯着看直到这个虚像消失。开始消失时，要想象它依然存在。

（5）黑方块虚像消失后，眼睛闭上，大脑中对那个图像进行想象。

重复上述步骤。

每天练习一次，每次练习 15 分钟，持续练习一周时间。

3. 记忆练习

一个人的记忆能力也会间接地影响其注意力、想象力、观察能力和分析等能力，这些能力在人体的运动过程中具有重要的作用，因此对记忆力的训练十分重要。练习记忆力的步骤如下。

（1）让受训者在一个安静的环境中仰卧，调暗环境光线。

（2）首先做一节放松练习。

（3）闭上眼睛并想象有一个黑色的屏幕，想象它给人既温暖又柔和的感觉。

（4）想象屏幕上有一个边长为 30 厘米的白色方块，离自己有一个手臂的距离，用意念想象这个白色方块稳定地处在屏幕中央。

（5）再一次想象屏幕上有个一元硬币大小的黑色圆圈，观察它。然后努力想象黑色圆圈突然消失了。

（6）然后再重新想象这些消失的图像看自己能否将这些"消失"的东西回忆起来。

4. 发令练习

（1）轻微口令法。轻微口令法就是以极低的声音口令指挥受训者进行练习，因为在声音非常微弱的情况下，能够很好地训练受训者努力集中注意力，从微弱的声音信息中敏锐捕捉到教练的意图并快速执行。轻微口令法练习一般不超过 3 分钟，人体保持高度注意的时间是有限的，如果时间太长，注意力的质量不可避免地会下降，即使延长训练时间也并不会有明显的作用。

（2）反转口令法。反转口令练习是要求受训者执行与口令相反的任务。比如，如果教官的口令是"向左转"，那么受训者应该立刻"向右转"。人体只有在注意力高度集中的情况下，才能在接到命令后经过快速判断作出相反的动作，而且这一过程必须非常快，否则就失去了训练的意义。

运用这种练习方法需注意以下几点。

①教官应选择具有明确相对指令的指令进行练习。比如"向左"和"向

右"，"立正"和"稍息"，"向前"和"向后"等。而且训练前要确保受训者对这些口令非常熟悉。

②训练时教官应该准备几组指令，每组练习要求受训者连续完成几个反转口令，且每个口令之间的时间间隔控制在 15 秒之内，从而保证训练的强度。

5. 秒表练习

每位受训者提前准备一块带指针的手表，训练开始时注视手表的秒针并跟随它的转动，坚持 1 分钟。能够做到保持一分钟的注意力之后，再进行 2 分钟、3 分钟、4 分钟的练习，如果受训者的注意力能持续 5 分钟，那么就说明具有了良好的注意力水平。需要注意的是，每两次之间要有 10~15 秒的休息时间。

6. 实物练习

实物练习，是指利用身边的任意一件实物进行练习。比如一支笔、一个马克杯，对它们的颜色、手感、光泽、重量、材质、质地、纹理、颜色、形状、纹路等细节进行观察，注意每次只针对一种实物进行练习，练习的过程中如果留意到自己的注意力有所转移，应该有意识地收回注意力。每个实物的练习应控制在 3~5 分钟之内。

二、运动心理训练之认知干预训练

对认知的干预也是运动心理训练的内容之一，通过专业的训练能够使人体的认知水平具有较高的能力，并能有效控制由于不良认知带给工作或者生活的困扰。

（一）暗示训练

1. 暗示训练的概念

暗示训练就是"自我暗示训练"，通过语言和自我意识的不断暗示，来影响个体心理活动和认知过程，从而对其行为进行有效的控制。

2. 暗示训练的具体方法

暗示训练法通常有比较具体的目标，比如克服当众发言的恐惧、遇到困难时有太多消极信念等。通过一系列的自我暗示，能够逐渐改变这种不利的认知和行为。

比如，很多人都有当众发言紧张的问题，一旦面对众人，本来流利的表达也变得结结巴巴，担心说错话，担心出丑，有些人甚至会脸红心跳，手心出汗，这对于个人发展构成了一个较大的障碍。并且，作为警察经常有当众发言的机会，比如开会、做工作报告、处理群众纠纷等，如果不能克服这一弱点将制约其工作的正常开展。以下以做演讲为例进行暗示训练。

（1）明确自我信念是可以影响和改变认知行为的。

（2）找出当众发言时头脑中自动冒出来的消极想法有哪些，如我肯定会忘词，然后暴露逻辑混乱、讲话没有重点的真实自我，最终肯定会在慌乱中搞砸一次演讲。

具体的步骤如下：

①分析这些消极想法是从哪里来的，是别人明确地告诉自己的还是自己总结的？依据是什么？这样做的目的是尝试从源头上松动消极信念。从逻辑上推理这一消极结论是否可靠。

②回想自己有没有讲话逻辑清晰、有重点的时候？只要能举出一个反例，就可以质疑这个"肯定会搞砸"的绝对化信念。

③你的假设是演讲中不能有任何差错、只能完美吗？不能接受完美之外的任何可能性？这样做的目的是破除"完美"的假设，因为很多时候人们之所以给自己下消极的结论，恰恰是因为有一个完美的预期。那么接下来要做的就是接纳自己的不完美。

④即使演讲过程中有忘词的情况发生，就"肯定会搞砸"整个演讲吗？这样做的目的是推翻"肯定会搞砸"这一灾难化想象。实际上，在演讲中忘词也许是很常见的现象，尽管不够完美，但是距离搞砸整个演讲还有很远的距离。

⑤在松动、质疑甚至推翻原来的消极信念之后，需要用一个积极的信念来替代原来的信念。比如，寻找自己曾经很有说服力和感染力的表达，然后鼓励自己只要认真做准备，那么表现就不会太差。这样做可以将注意力从暗示自己"肯定会搞砸"，转移到"认真做准备"上来。从过多关注结果，转移到更多关注过程，并且在过程中发现不足，及时改进，这才是有针对性、有建设性的积极暗示。

⑥然后就需要不断累积成功经验，从一次没有"搞砸"的演讲开始，逐渐破除原有的消极信念，从而能够从容面对当众演讲活动。

暗示训练不仅能够转变消极信念，还可以建立积极信念，比如，当面对一些困难时，经常鼓励自己："你能行！""要相信自己！"需要注意的是，积极信念要多考虑过程、少去想结果。比如，要努力让演讲有趣，且语速适中，结合一些自信的手势等。比如，"要冷静，只有冷静下来才能处变不惊"，而不是"遇到困难——解决困难"，因为后者没有针对性，只是一个口号而已。表7-3是总结出的一些典型的积极信念和消极信念的对比。

表 7-3　积极提示语和消极提示语

消极信念	积极信念
这些观众太吵了，真讨厌	他们很热情，愿意和我互动
别紧张，别出错	放松，稳住
这么重要的机会，千万不能搞砸了	我作了充分的准备，我有信心能做好演讲
观众期待我作出一场完美的演讲	我对这个主题作了充分的研究，是最佳人选，我已准备好分享给大家

（二）念动训练

1. 念动训练的概念

念动训练法，又称表象训练法，是结合自我暗示与运动表象从而带给自己积极的意念，通过对运动的想象或回忆塑造出清晰稳定的行为意向。

2. 念动训练的作用

念动训练较多地运用在对竞技运动员的培训过程中，对警察实战训练也有积极影响，通常具有以下几个作用：

（1）有助于掌握动作概念。在学习一些复杂动作时，受训者需要先对该动作形成正确的概念，包括对动作要领、规范有明确的认识，然后在练习的时候才能有所依据，才能逐渐熟练并掌握该动作。

（2）具有启发思维的作用。念动训练要求在训练过程中注意力要高度集中，同时调动视觉、听觉、思维和运动几个不同的系统，共同对所学技术动作的要领、规格和过程进行思维、记忆、模仿和练习，这样能充分调动起受训者的训练状态，从而提升训练效率。

（3）缓解心理压力。在进行念动训练时，因为要调动机体的多项系统参与，因此能够让人全身心地投入训练，从而可以集中注意力，消除了紧张、焦虑等心理干扰，缓解了心理上和精神上的压力。这时候能促进受训者更好地发挥出自己的真实水平，获得较理想的训练效果。

第三节　警察心理训练与健康管理

在警察行业中，无论是哪个警种其工作性质和内容都具有较大的压力，甚至伴随着较高的风险，因此，对警察进行心理训练以及心理健康管理是非常必要的。本节将针对这两方面展开研究。

一、警察心理训练

（一）警察心理训练概述

警察心理训练，是指针对警察职业的特点，基于心理学的相关理论，运用恰当的心理干预方法进行科学、系统的训练过程。警察行业对心理素质具有很高的要求，这和他们的工作性质、工作强度是密不可分的。现在的警察都生活在和平年代，特别是一些在公安、司法等政法类院校在读的预备警察，他们生活的环境是相对安逸的，但是他们即将面对的工作岗位却难以安逸规律，甚至要面对经常加班熬夜、假日无休、压力挑战很大的情况。因此，为了帮助他们顺利过渡，在应激状态下能迅速做出反应，在应对具有挑战和风险的工作时能够从容应对，就需要对警察或预备警察进行全面的心理素质训练。

（二）警察的情绪调节方法

保持情绪的稳定是警察的一项必备素质，警察的工作中充满未知的挑战，而且常常伴随着高风险，如果不能保持稳定的情绪，或者出现激烈的情绪之后不能及时有效地自我调整，不仅会影响自身的身体健康，而且还会影响工作的正常进行。因此，对警察进行情绪调节的训练是促进其个人身心健康以及职业发展的必要准备。

1. 情绪 ABC 理论

情绪调节的认知方法的理论基础是有关情绪障碍形成的 ABC 理论。A 是指刺激事件，B 是指个体对刺激事件的认知，即对这一事件的看法、解释和评价，C 是指个体的情绪反应或行为结果。情绪 ABC 理论是由美国心理学家阿尔伯特·艾利斯创建的理论，其核心是认为刺激事件 A（activating event）只是引发个体情绪反应和行为后果 C（consequence）的间接原因，而引起 C 的直接原因则是个体对激发事件 A 的认知和评价而产生的信念 B（belief），即 C 不是由于 A 直接引发的，而是经受这一事件的个体由于不正确的认知和评价所产生的错误 B 直接引起的。

ABC 理论将人的情绪产生机制作出形象的提炼，进而便于人们对情绪进行控制和调节。警察面对刺激事件的频率通常要高于普通人。但是人都是有感情的高级动物，即使再冷静的人，也会有受到强烈情感刺激而产生情绪波动的时候。因此，在对警察的警务实战训练过程中，就应该重视教授他们情绪调节的方法，并做好充分的、有针对性的训练。

刺激事件 A 是无法预知也无法改变的，但是个体对事件的看法、解释和评价，却永远掌握着主动权，只要能恰当地解释和评价刺激事件，那么就能将情绪控制在合理的范围内。在大多数情况下，人的情绪困扰或者情绪障碍都是由于不合理的认知方式造成的。这也是 ABC 理论一再强调的，即刺激事件并不能直接引发或决定情绪，一个刺激事件是否能引发情绪以及引发何种情绪，只有经过人的认知评价才可能确定。因此，从人的认知入手，改变不合理的认知方法就能有效控制人的情绪反应。不合理认知的特点一般包含以下几种情况。

（1）要求的绝对化。绝对化是导致认知障碍的一个比较突出的原因，绝对化表现为对外在事物的认识缺乏弹性，习惯从自身的意愿出发，并且这种意愿隐含着强迫性、绝对化的要求，即非此不行，具有较低的变通空间。这种认知在语言表达上具有一定的特点，比如常常以"应该""必须"等意愿的角度出发，以"总是""一直"等绝对化的描述形容。事实上，绝对化认知是一种认知狭隘的体现。

客观事物的发生、发展都不会随着人的主观意愿而变化，万事万物有其内在的规律，遵循着各自的发展逻辑，人们只有认识到这一点，才不会产生不必要的消极情绪。人们仍然可以怀有积极的心态、良好的意愿，去努力促进事物朝着自己希望的方向和结果发展，但同时又不能对结果有执念，保持这样的豁达态度，人生才能更加顺利。

相反，当事物发展得不尽如人意时，至少能从理智上接受它，而不是持有绝对化、非此即彼的认知，也就很大程度上避免了陷入情绪的困扰。因此，具有绝对化认知倾向的人进行情绪调节的关键之处是认清"绝对化"的不合理之处，给自己、给客观事物多留出一些"空间"，用辩证的认知方式看待自己，以及要求他人和外在事物。

（2）概括的过分化。对事物和人的过分化概括，其实也是一种绝对化的倾向。过分化概括是指以偏概全，忽视事物全貌的一种具有明显偏差的认知方式，过分化概括的结果就是与客观事实有较大的出入，甚至扭曲了事实。具体来说，过分化概括有三个特点。

①对自身的评价过分概括，即如果一两件事情没做好就否定整个人的价值。似乎"一切全完了"，然后就容易陷入过分自责、自卑、自弃的境地。

②对他人的评价不合理，同样是以一件事的成败来评价整个人的全貌。通过一个人在某件事的表现而给这个人贴上一个"永久"性的标签，这显然是不合理的。

（3）失败的灾难化。所谓失败的灾难化是指一种对于失败或挫折极度悲观的认知方式，即对某一件消极事件或结果解读为是一场不可逆的灾难。灾难化解读带来的最坏影响是让人失去希望和行动力，"认定"事物到了最糟糕的地步，因此就放弃了任何个人主观努力。灾难化认知的特点是比较容易走极端，没有充分的证据就轻易地判定事物没有回旋的余地，认为已经发展到最糟糕的情况。

然而，在现实生活中，事物发展得不顺利，出现停滞、失利或者失败的局面是非常正常的事情，每个人都应该学会如何面对和处理困难情境，并努力寻求转机。而具有灾难化认知倾向的人，一旦遭遇生活或者工作中的失败或挫折，就将这种情况看作是一种非常可怕且不能扭转的灾难情境。尽管不能排除有时候的确会有非常可怕的情形出现，但是极端灾难的概率毕竟很低，大多数情况下的失败或挫折都是可以改变的，因此要辩证地看待每一次的失败或者失利，以正确的方式面对困境才能更顺利地获得发展、取得进步。

2. 认知调节技术

在发现了自身的认知问题之后，可以采用一些科学的方法和技术进行调节，用科学合理的认知方式取代偏激等不合理的认知方式，具体可从以下两点入手。

（1）应该培养自我反省的能力，及时察觉自身认知不合理的地方，通过不断地纠偏，逐渐调整不合理的认知。

（2）明确情绪的产生机制，情绪主要是受到认知左右，与刺激事件的关系反而不大。因此，通过调节自我认知来改变对同一事件的判断和认识。

（三）警察意志力的训练方法

意志力是警察职业所必备的人格品质，也是警务实战训练中注重培养的一项重要内容。因此在进行警察实战训练过程中，教官要掌握意志力的训练方法并对受训警察意志品质进行针对性训练。

1. 对坚持能力的训练

（1）细分目标，逐步实现。在对一个人意志力的评估中，很重要的一方面就是看其坚持的能力。而坚持的能力是可以通过针对性训练逐渐获得的，比如通过细分目标、循序渐进的方式，不断提升坚持训练的负荷，或者延长同一负荷的时间，都是锻炼坚持能力的重要训练方法。

（2）自我鼓励和暗示。磨炼意志的过程需要一些自我鼓励才能让受训者一次次地坚持下来，尤其在训练中最艰难的时刻，学会用自我鼓励的方式激励自己再坚持一会，使坚持的时间更久，直到完成相应的训练。

（3）保持专注。在警务执法过程中，长时间处于复杂环境容易分散注意力，产生心理疲劳。因此在实战训练过程中，要让受训警察集中精力在相应的目标事件或人物上，按照相关计划和时间安排进行思想集中性的训练，从而提升专注和自律能力。

2. 对果断性的训练

警察生活在复杂的工作环境中，经常会突然面对非常紧急的情况，此时必须做出果断的决策，不然也许就会让危急的情况失控。果断性训练是警察执法过程中必备的素养，在依法行事的前提下，把握稍纵即逝的时机，科学及时作出决策。有时候执法情形复杂，错误的决定也许会伤害无辜，造成严重的财物损失甚至人员伤亡，这时候作出即时、科学的决策是对一名警察的判断力、决断力、思维和整体心理素质的考验。果断性训练就是避免警察在紧急时刻犹豫不决，徘徊不定，能够快速整理现有的信息，并保持情绪稳定，迅速作出决策的训练。

快速决策是可以通过训练而获得的能力。在警务实战过程中尽管你总觉得还需要更多信息，不能保证这个决策的万无一失，但关键时刻必须快速作出选择，果断性训练就是要克服这种心理，在现有的条件下快速作出决断，不拖泥带水，以免错过了最佳的决策时机。

3. 克服恐惧心理

在警察行业中，恐惧也许会伴随其职业生涯的一生，因为有太多的危险和挑战要面对。然而既然选择了警察这一行业，就要习惯与恐惧共存，并且克服恐惧心理对自己的限制。真正的勇士是尽管内心恐惧，但依然坚定前行。恐惧是人类共有的一种情绪，每个人都有恐惧的时候，而且有研究表明，恐惧在人类进化史上发挥着重要的作用，比如在人类还靠狩猎为生的时期，正是因为有了恐惧心理，才能及时脱离危险处境，使人类得以生存下来。

现代心理学的发展比较成熟，有许多不同学派的方法都可以帮助人们克服恐惧心理。由于每个人恐惧心理的产生机制不同，需要克服的点不同，因此要采取的方法也不尽相同。

二、警察心理健康管理

人的心理健康是一个动态的过程，会随着生活、工作以及年龄的不断增长而发展变化的，要想获得稳定的心理健康水平，就需要对其进行科学的管理。和普通人群不同的是，警察职业的心理管理具有更高的标准。

（一）警察心理健康的标准

由于职业的特殊性，对警察的心理健康水平有着更全面更高的要求，也需要进行更加专业的管理。警察心理健康的标准如何判定、如何维护等都是十分重要的问题。一般地，可以有以下几点要求：

1. 热爱警察职业

警察要对自身的警察角色有较强的荣誉感和使命感，并以严格的标准要求自己。在工作中能够以为人民服务为己任，并能够从中获得成就感和满足感。

2. 能够很好地与他人相处

警察应能够建立和维护各种人际关系，能够及时发现自己在处理人际问题时采用的模式，并不断优化其中不足的地方；以及对优秀的表现能够自我肯定。具体体现在：

（1）能够清楚地意识到自己的思想、行为是否符合社会文明发展的要求，对自身的权利与义务十分清晰。

（2）能客观地评价别人，能正确反映交往情景的变化。

（3）能够积极建立关系，能够进行良好的沟通。

（4）能够做到尊重、信任和赞美他人，能够接纳他人的优点与不足。

3. 保持稳定、乐观向上的情绪

心理健康的另一个重要标准是能够保持稳定乐观的情绪，尽管情绪难免有起伏，但是总体上具有稳定、积极的情绪就是心理健康的表现。具体的，可从以下几个方面体现：

（1）基本上心态是乐观向上的。

（2）能够很多地调节自己的情绪，随时进入紧张的工作状态。

（3）能够平衡生活和工作的节奏，做好自我身心的调节。

4. 能够客观地评价自己

警察必须具有良好的自我意识，能够客观地正视自身的优势和不足，进而才能在工作中扬长避短，更有效率：

（1）清楚自身的强项和弱项，做到扬长避短，尽量发挥自己的优势。

（2）对自我的认识是稳定的、客观的，既不狂妄自大也不妄自菲薄。

（3）善于学习他人长处补充自身的不足。

（4）能够接受别人的批评，并善于采纳他人的合理建议。

5. 社会适应能力良好

警察既要掌握普遍的社会规范，又必须学习警察的各种规章制度、任务要求，这样才能具备良好的适应能力：

（1）能适应社会的发展，及时更新自身的认知与能力，与时俱进。

（2）既能够适应集体生活，也能组建、经营幸福的家庭。在工作和生活中获得成就感、满足感和幸福感；

（二）维护警察心理健康的具体方法

维护警察心理健康的有效方法就是学会一些简便有效的自我调节方法，其次，是当警察心理上出现问题时及时进行心理治疗。

1. 自我心理调节方法

警察在工作中由于工作负荷过大、执法环境复杂等因素，容易对心理健康产生负面影响，这就需要警察具有自我心理调节的能力，从而可以随时关注自己的心理波动和情绪控制，这是保证心理处于一个比较健康水平的非常重要的方式。常用的方法有音乐调节法、暗示法和倾诉法几种。

（1）音乐调节法。音乐调节法是通过不同的音乐类型和节奏来影响人的情绪状态。音乐本身具有明显的调节情绪的作用，比如那些动感十足的音乐能够很快让人跟着扭动身体，跟着音乐的节奏欢快地跳起舞来；而那些悲伤的音乐又会引发心底的忧伤，让人思虑放缓，回味曾经经历的一些相似情境。因此，通过选择合适的音乐能有效地促进情绪的表达和纾解，能在一定程度上缓解人的情绪。选择合适的音乐类型和节奏很关键，快节奏、欢悦的旋律可以振奋精神，而音调柔和、节奏徐缓的乐曲则能产生镇静舒缓作用。此外，音乐调节法还涉及到音乐的自我照顾，可以通过全身心地聆听和用音乐表达情绪来提升自我情绪和动力。

（2）暗示法。暗示法也是一种有效的心理调节手段，每一个人都可以进行练习，从而在有需要的时候调节自身的情绪。暗示法是指利用言语、动作等方式，让某种信念绕过意识或者思维的主观判定，直接将该信念作为面对某一情境的主导信念，从而缓解恐惧、焦虑等消极情绪。比如，在面对挑战时，警察可以用暗示法激励自己："全力以赴就会有最好的结果""我是这个领域经验最丰富的，我能做好"等。从而在关键时刻建立信心、完成任务。

（3）倾诉法。有研究发现，一个健康的成年人每日需保持一定的语言表达，即要保持一定的说话量，是保持身心健康的一个潜在因素。人是群居动物，他们自古需要和身边的人有所互动和交流，才能保持正常的人际交往和社会生存，尽管这些交流不一定是有意义的，寻常的生活内容、兴趣爱好或者从电影、电视节目中获得的一些有趣的信息等，都可以作为语言倾诉的内容。对于警察这种特殊职业群体而言，由于工作性质决定了他们不能随意向他人讲述工作内容，难免会限制了他们作为一个普通人的倾诉的需要。因此，可以选择一些轻松的话题，主动和同事或家人聊天，加强语言的互动，这些对于缓解情绪具有间接的调节作用。

2. 心理治疗

心理治疗，是指对具有较为明显的心理困扰的患者，进行一定的干预，使其在一定程度上摆脱这种困扰，重新回到正常的生活、学习和工作中。心理治疗具有明确的治疗目标，会采用一种或几种治疗手段，常见的有以下几种。

（1）精神分析疗法。经典的精神分析疗法是指弗洛伊德创立的一种最为传统的心理治疗方法。精神分析通过进入人的潜意识，使潜意识意识化，破除其潜抑作用，揭穿重重的防御机制，从而使患者的症状消失。

（2）行为疗法。行为疗法是以行为主义为理论基础的心理治疗体系。行为主义认为，人的所有行为都是学习的结果。由于早年的具有创伤性质的经历使患者习得一种行为模式，并不断将这种行为模式重复在自己生活的方方面面，并形成一定的困扰。通过行为主义疗法，能帮助患者重新学习更加健康的行为模式，即把异常行为转变为正常行为。

（3）人本主义疗法。人本主义的创始人是美国杰出的心理学家罗杰斯于20世纪40年代首创。人本主义认为，每个人都有积极的、无限成长的潜力。只要帮助他们逐渐认识和塑造恰当的心理环境，每个人都可以成为更加优秀和强大的自己。

（三）养成健全的人格

在新的历史条件下，我国的人民警察按照"对党忠诚、服务人民、执法公正、纪律严明"的总要求，坚决维护社会稳定和人民的安居乐业，而具有健全的人格是这一切的基础。培养警察发展健全的人格能够锻造警察具有"铁一般的理想信念、铁一般的责任担当、铁一般的过硬本领、铁一般的纪律作风"，全面提高警察队伍的政治素质，具有稳定坚实的价值观，能够在面对重大挑战或冲击的情况下，依然秉公执法、全力维护国家和人民的利益。

在警察健全的人格培养中，要大力加强政治教育，积极开展爱国主义、集体主义教育，坚定对马克思主义的信仰，坚定对社会主义的信念，要帮助警察不断加强自己的人生修养。

（四）培养规律的运动习惯

如前所述，体育运动能够促进人体分泌一些产生积极情绪体验的激素，从而减轻抑郁、焦虑、紧张等不良情绪。对于警察而言，由于他们的工作压力大，还会经常处理一些突发事件，长期下来难免会影响其心理健康水平。为了应对这一情况，应鼓励警察加强体育运动，并找到自己喜欢的一项体育运动作为长期锻炼的内容，这样对排解情绪压力具有一定的促进作用。

附　录

公安机关人民警察体育锻炼达标标准

第一章　总则

第一条　为了贯彻《中华人民共和国体育法》和《全民健身条例》，推动公安机关人民警察积极参加体育健身锻炼，增强身体素质和体能素质，提高队伍战斗力，更好地为公安工作和公安队伍建设服务，特制定《公安机关人民警察体育锻炼达标标准》。

第二条　本标准在全国公安机关和公安院校实施。

第三条　各级公安机关政治工作部门和各级前卫体育协会负责本标准实施工作。

第四条　各省、自治区、直辖市公安厅、局可根据本地实际情况制定具体的实施细则。西藏、青海、新疆等公安机关可根据本地实际情况，适当调整测试项目和标准，报中国前卫体育协会备案后执行。

第二章　分组和项目

第五条　体育锻炼达标按性别和年龄划分为男七个组、女六个组。

1. 男子、女子青年一组：25 岁以下（含公安院校学员）；

2. 男子、女子青年二组：26 岁至 30 岁；

3. 男子、女好青年三组：31 岁至 35 岁；

4. 男子、女子青年四组：36 岁至 40 岁；

5. 男子、女子中年一组：41 岁至 45 岁；

6. 男子、女子中年二组：46 岁至 50 岁；

7. 男子中年三组：51 岁至 55 岁。

第六条 本标准项目设四类，男七组、女六组计十四项。

第一类项目：100 米跑、10 米×4 往返跑；

第二类项目：800 米跑、1000 米跑、1500 米跑、1500 米健步走、2000 米健步走、1 分钟跳绳；

第三类项目：1 分钟仰卧起坐、俯卧撑、引体向上、双杠臂屈伸；

第四类项目：立定跳远、纵跳。

第三章　考核和标准

第七条 实施单位应当组织参加者在经常锻炼的基础上按照测验规则进行考核。

第八条 参加者从每类锻炼项目中，各选项参加考核，并在规定时间内完成。

第九条 考核成绩采用百分制评分法。根据参加者完成四类项目测验后的总分确定其达标等级。

第十条 达标等级分及格、良好、优秀三级。

及格标准为 200 分至 275 分，平均为 50 分以上。

良好标准为 276 分至 335 分，平均为 70 分以上。

优秀标准为 336 分至 400 分，平均为 85 分以上。

第十一条 参加者有以下情况之一，为不及格：

1. 未能在规定时间内完成规定的考核项目；

2. 有一类项目的考核成绩低于 30 分。

第四章　奖励

第十二条 实施本标准成绩显著的单位，由上级机关给予表彰。

第十三条 对达到优秀级标准者发给证书。

优秀级标准证书由中国前卫体育协会统一制作，各地前卫体协或有关单位颁发。

第五章　附则

第十四条 边防、消防、警卫部队，可结合实际情况参照执行。

第十五条 本标准适用于身体健康，无重大疾病、伤残的公安机关人民警察。

第十六条 标准自 2011 年 1 月起实施《公安民警体育锻炼达标标准》（试行）同时废止。

第十七条　本标准由中国前卫体育协会负责解释。

附件：

1. 《公安机关人民警察体育锻炼达标标准测验规则》
2. 《公安机关人民警察体育锻炼达标标准评分表》
3. 《公安机关人民警察体育锻炼达标标准考核项目表》

附录二

关于印发公安机关录用人民警察
体能测评项目和标准（暂行）的通知

人社部发【2011】48 号

各省、自治区、直辖市人力资源和社会保障厅（局）、公务员局、公安厅（局），
新疆生产建设兵团人事局、公安局：

2001 年 7 月，原人事部、公安部印发的《公安机关录用人民警察体能测评
项目和标准》（人发〔2001〕74 号）施行以来，对选拔高素质的公安民警，提高
公安队伍战斗力起到了重要促进作用。为适应新形势下公安工作和公安队伍建设
的实际需要，使公安机关招警体能测评更具有针对性和可操作性，在广泛征求意
见的基础上，人力资源社会保障部、公安部、国家公务员局研究制定了《公安机
关录用人民警察体能测评项目和标准（暂行）》，现印发给你们，请遵照执行。
执行过程中，凡其中一项不达标的，视为体能测评不合格。2001 年原人事部、
公安部下发的《公安机关录用人民警察体能测评项目和标准》同时废止。

附件
1. 公安机关录用人民警察体能测评项目和标准（暂行）
2. 公安机关录用人民警察体能测评实施规则

> 人力资源和社会保障部　　公安部　　国家公务员局
> 二〇一一年四月二十一日

附件一：公安机关录用人民警察体能测评项目和标准（暂行）

（一）男子组

项目	标准	
	30 岁（含）以下	31 岁（含）以上
10 米×4 往返跑	≤13″1	≤13″4
1000 米跑	≤4′25″	≤4′35″
纵跳摸高	≥265 厘米	

（二）女子组

项目	标准	
	30 岁（含）以下	31 岁（含）以上
10 米×4 往返跑	≤14″1	≤14″4
800 米跑	≤4′20″	≤4′30″
纵跳摸高	≥230 厘米	

备注：综合管理、执法勤务职位测查全部 3 个项目，警务技术职位免予测查 1000 米（男）/800 米（女）跑项目；对专业人才紧缺难以形成竞争的特殊职位，经省级以上公务员主管部门同意，可以适当放宽体能测评有关项目标准或者免予测查体能测评项目；凡应测项目中任意一项不达标的，即为体能测评不合格。年龄计算时间截止到参加体能测评当月。

附件二：公安机关录用人民警察体能测评实施规则

一、10 米×4 往返跑

场地器材：场地为 10 米长的直线跑道，在跑道的两端各划一条 5cm 宽直线（S1 和 S2），将木块（10cm×5cm×5cm）按每道 3 块竖立摆放（其中 2 块放在 S2 线上，1 块放在 S1 线上），秒表若干块。

场地图示

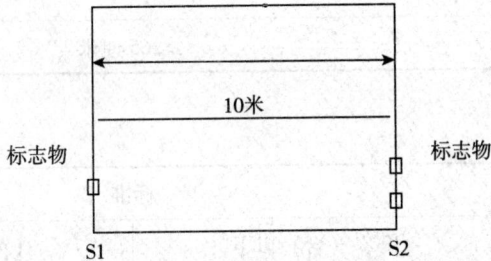

10米

标志物　　　　　　　　　　　　　　　　　　标志物

S1　　　　　　　　　　　　　　　　　　　　S2

组测方法：发令员、计时员、监督员、成绩记录员若干名。按组别进行测试，每人最多可测 2 次，1 次测评达标，即视为该项目测评合格。成绩以"秒"为单位，保留 1 位小数，第 2 位小数非"0"时则进 1。

动作要求：受测试者采用站立式起跑，听到发令后从 S1 线外跑到 S2 线前（脚不得踩线）用手将竖立的木块推倒后折返，往返跑 2 次，每次推倒 1 个木块，第 2 次返回时冲出 S1 线。

注意事项：测试时有以下任一情况，不计取成绩：

1. 出发时抢跑；

2. 折返时脚踩 S1 或 S2 线；

3. 折返时未推倒木块。

二、男子 1000 米跑、女子 800 米跑

场地器材：400 米标准田径场，发令枪、发令旗、秒表、号码标识若干。

组测方法：发令员、计时员、弯道检查员、监督员、成绩记录员若干名。按组别进行测试，每人最多可测 1 次。计时员看到发令信号计时开始，当受测试者躯干越过终点线时停表。计时员准确计时，记录员负责登记每人成绩。成绩以"分+秒"为单位，不保留小数位，小数位非"0"时则进 1。

动作要求：受测试者统一采用站立式起跑姿势，在起跑线外听到或看到发令信号时开始起跑，跑完相应距离越过终点线后视为完成测试。

注意事项：测试时有以下任一情况，不计取成绩：

1. 出发时抢跑；

2. 出发时脚踩线；

3. 途中跑时超越或踩踏最内侧跑道线。

三、纵跳摸高

场地器材：通常在室内场地测试，起跳处铺垫厚度不超过 2 厘米的硬质无弹性垫子。如选择室外场地测试，需在天气状况许可的情况下进行，当天平均气温应在 15—35 摄氏度之间，无太阳直射、风力不超过 3 级。

组测方法：裁判员、监督员、成绩记录员若干名。按组别进行测试，每人最多可测 3 次，1 次测试达标，即视为该项目测试合格，3 次均未达标者视为不合格。成绩仅为"合格"或"不合格"两项。

动作要求：受测试者赤脚或穿袜，双脚自然分开，呈站立姿势。接到开始测试指令后，受测者屈膝半蹲，双臂后摆，随后双脚蹬地垂直向上起跳，同时双臂向前上方快速摆动，举起一侧优势手触摸合格高度的目标物，触摸到相应高度者视为合格。

注意事项：测试时有以下任一情况，不计取成绩：

1. 起跳时双腿有移动或有垫步动作；

2. 手指甲超过指尖 0.3 厘米；

3. 戴手套等其他物品；

4. 穿鞋进行测试。

参考文献

[1] 张钧，何进胜．运动健康管理．上海：复旦大学出版社，2018．

[2] 雷铭．健康管理概论．北京：旅游教育出版社，2016．

[3] 张寒慧，马志君，崔鹏．运动营养与健康．北京：新华出版社，2014．

[4] 许文静．警察体质健康管理研究．体育世界（学术版），2019（06）：162-163．

[5] 高梵．监狱人民警察心理健康问题成因、表现及其矫治．领导科学论坛，2021（08）：109-114．

[6] 常如男．疫情期间警察心理健康状况分析及其建议．西北师范大学硕士学位论文，2023．

[7] 王晶晶，叶茗．创新健康管理模式关爱警察职业健康．甘肃科技，2019，35（20）：109-111．

[8] 李鹏飞．健康管理正当时．深圳警察，2010（4）：66．

[9] 李鹏飞．对新时期警察健康管理工作的思考．贵州警官职业学院学报，2010，22（05）：121-124．

[10] 吴迪．警察的健康管理——从香港警队的经验说起．世界现代警察，2009（12）：13-14．

[11] 李宏军．警察健康手册．北京：人民日报出版社，2006．

[12] 詹伟，关郑华，徐思钢．我国公安民警健康管理基本问题研究．公安研究，2010（04）：68-73．

[13] 陈君石，黄建始．健康管理师．北京：中国协和医科大学出版社，2007．

[14] 张飞虎．浅谈维护警察心理健康的有效机制．甘肃科技纵横，2006．

[15] 陈俊强．公安院校警察体能训练的现状与对策分析．科技资讯，2019，17（14）：231+233．

[16] 覃东泽．广西公安特殊警察体能训练的现状与发展对策研究．广西师

范大学硕士学位论文，2017.

[17] 贺洪，汤长发．健康管理概论．长沙：湖南师范大学出版社，2012.

[18] 马军．健康管理概论．北京：人民日报出版社，2006.

[19] 骆建．对运动训练中的超量恢复现象与超量恢复原理的审视．中国体育科技，2001（06）：10-12.

[20] 郇昌店，肖林鹏．运动员群体健康管理体系构建研究．山东体育学院学报，2011，27（10）：1-4.

[21] 陈真，郑友军主编．警察心理素质及其训练．成都：四川大学出版社，2005.

[22] 张振声．中国警察心理健康训练教程．北京：人民武警出版社，2007.

[23] 王海源．警察体能训练教程．北京：群众出版社，2009.

[24] 王海源，警察体能基础教育训练．北京：中国人民公安大学出版社，2005.

[25] 陈博．警察体能训练与测试评价．北京：中国人民公安大学出版社，2009.

[26] 卢兆民，王强．警察体能．北京：中国人民大学出版社，2015.

[27] 何颖，舒雁滨，向渝．民航空中警察职业体能测评体系及训练模式研究．成都：四川大学出版社，2013.

[28] 李洋．警务实战中警察体能训练内容与方法的研究．天津职业院校联合学报，2022，24（07）：49-52+61.

[29] 宗浩栋．关于发展警察体能训练的思考．河北公安警察职业学院学报，2022，22（02）：64-67.

[30] 郁明明．基于问题导向的警察体能提升路径研究．云南警官学院学报，2021（06）：115-122.

[31] 王彬．警务活动视域下警察心理素质及其培养．福建警察学院学报，2019，33（02）：67-73.

[32] 刘伯阳．浅谈警察的心理健康．大学，2021（01）：146-147.

[33] 杜玮奇．警察体育对警察专业大学生心理健康水平影响．体育风尚，2020（08）：255-256.

[34] 孔繁勇．公共卫生突发事件中的警察健康防护．现代世界警察，2020（04）：22-27.

[35] 梁龄，郭菲，江兰等．警察躯体亚健康现状及影响因素．中国公共卫生，2019，35（08）：1018-1022.

[36] 聂英斌. 影响警察身心健康的原因及对策研究. 广西警官高等专科学校学报, 2016, 29 (06): 111-115.

[37] 钱迎春, 孙小燕. 积极心理学视域下警察心理健康教育研究. 辽宁公安司法管理干部学院学报, 2016 (04): 39-42.

[38] 陈永辉. 警察体能及其训练的科学认识. 湖南公安高等专科学校学报, 2006, 18 (5): 65-68.

[39] 曹超. 警察体能训练课的理论问题研究. 湖南公安高等专科学校学报, 2007, 12 (3): 47-48.

[40] 陶战波. 公安特警专业人才培养模式研究. 江苏警官学院学报, 2005, 20 (2): 188-190.

[41] 于清, 袁吉, 袁雷, 等. 优秀射箭运动员专项体能训练结构与分析. 成都体育学院学报, 2005 (5).

[42] 张乾波, 张三军. 反恐训练中特警队员的体能训练探析. 军事体育进修学院学报, 2010, 29 (2): 91-92.

[43] 吴恺. 我国公安特警体能训练科学化体系构建研究. 中国人民公安大学学报 (自然科学版), 2009, 15 (04): 49-53.

[44] 刘心丰, 陈静, 袁同忠, 白建茹. 北京特警综合体能训练模式构建. 运动, 2016 (09): 151-152.

[45] 黄家善, 袁吉. 特警专项体能训练特征研究. 运动, 2014 (05): 42-44.

[46] 袁运平. 运动员体能与专项体能特征的研究. 体育科学, 2004 (9).

[47] 陈博. 警察体能训练与测试评价. 北京: 中国人民公安大学出版社, 2009.

[48] 曹超. 警察体能训练问题研究. 军事体育学院学报, 2007 (4): 25.

[49] 谈艳, 周思红. 基层特警基础体能训练及体能考核标准的初步探讨. 第五届全国青年体育科学学术会议、第二届中国体育博士高层论坛论文集, 2008.

[50] 徐重鑫, 韦益毅, 钟兴龙. 特警专业学生身体形态与素质的评价特征. 中国组织工程研究与临床康复, 2007, 11 (55): 122.

[51] 袁运平, 王卫. 运动员体能结构与分类体系研究. 首都体育学院学报, 2003 (2) 45-47.

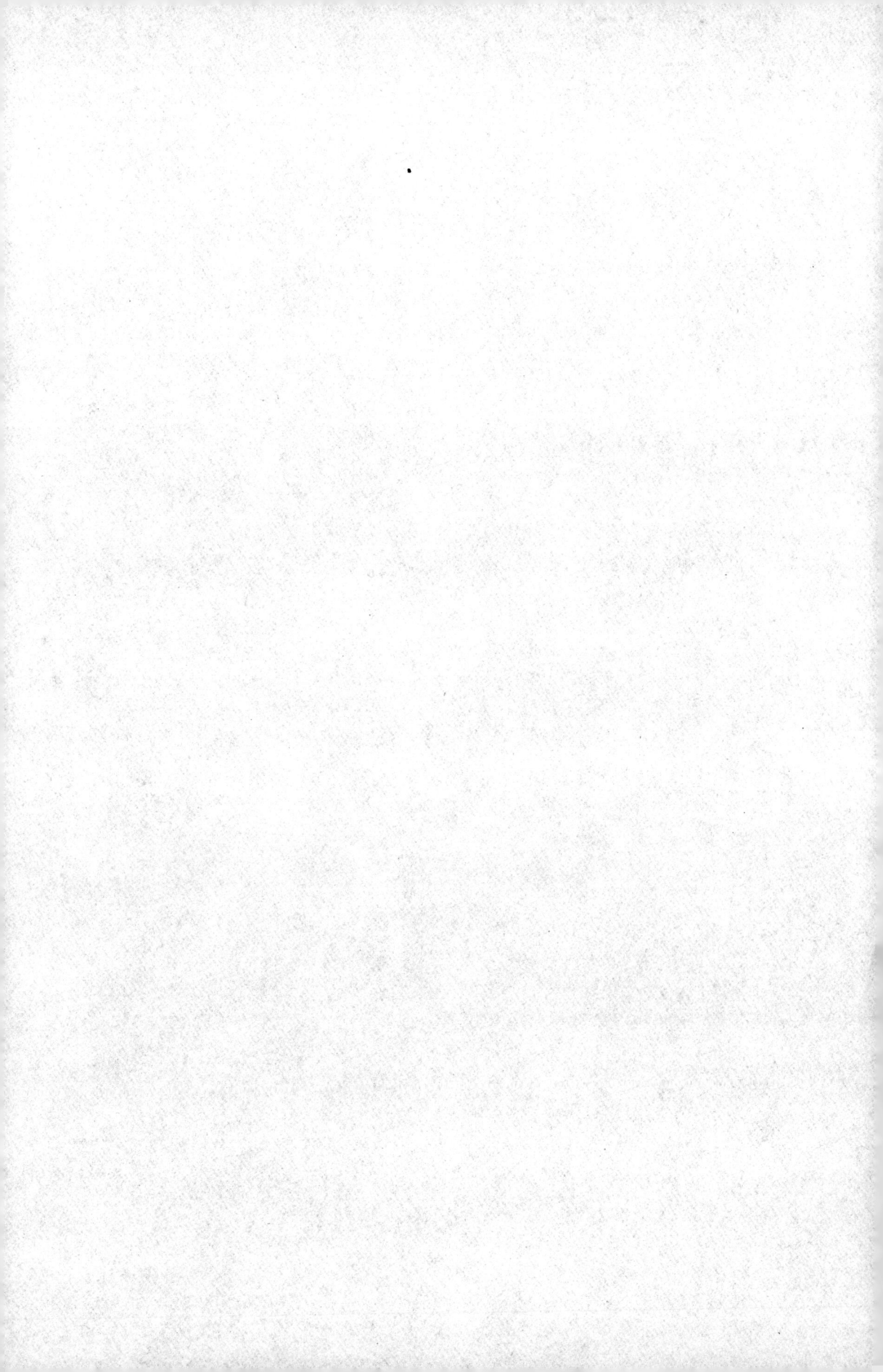